C.H.BECK ■ **WISSEN**

Luther war der einflussreichste «Ketzer» der Kirchengeschichte. Seine beispiellose Fähigkeit, als Prediger, Professor und Publizist das Ohr seiner Zeitgenossen zu erreichen, machte ihn zum meistgelesenen Theologen des 16. Jahrhunderts. Thomas Kaufmann schildert anschaulich die enge Verbindung von Luthers reformatorischer Theologie mit den geschichtlichen Erfahrungen seiner Zeit: Luther lebte in der Gewissheit, dass Gott selbst am Ende der Zeiten eine Reformation seiner Kirche ins Werk setzt, und sah sich dabei umzingelt von – tatsächlichen oder vermeintlichen – Feinden des wahren Christentums: vom Papst und seinen Anhängern, von innerprotestantischen Abweichlern, von Türken und von Juden. Er beschreibt, wie Luther vor diesem Hintergrund die menschliche Existenz auf die «Freiheit eines Christenmenschen» in und zu Gott gründete und was es bedeutete, wenn der Mensch nicht mehr im Kloster, sondern im Beruf, in der Gesellschaft, in der Familie, allgemein «in der Welt» den Ort seines Gottesdienstes finden sollte.

Thomas Kaufmann, geb. 1962, ist Professor für Kirchengeschichte an der Universität Göttingen, Vorsitzender des Vereins für Reformationsgeschichte und Mitglied der Akademie der Wissenschaften zu Göttingen. Zuletzt erschienen von ihm «Konfession und Kultur» (2006), «Türckenbüchlein» (2008), «Geschichte der Reformation in Deutschland» (Neuausgabe 2016), «Luthers Juden» (²2015) sowie bei C.H.Beck «Erlöste und Verdammte. Eine Geschichte der Reformation» (⁴2017).

Inhalt

Hinweis zur Zitierweise

Die im Text in Klammern gebotenen Nachweise beziehen sich auf die «Weimarer Ausgabe» (WA) der Werke Luthers, siehe unter Literaturhinweise. In übersetzter Form gebotene Zitate werden nach der originalsprachlichen Belegstelle zitiert und sind nicht eigens gekennzeichnet.

Einleitung:
Eine Person «in zwei Naturen»

In Luthers Person begegnen sich Extreme. Dies gilt in unterschiedlicher Hinsicht. Seit Beginn des Ablassstreites im Jahr 1517 war der als Martin Luder geborene Wittenberger Augustinereremit und Bibelprofessor für viele seiner Zeitgenossen nicht einfach nur ein bestimmtes Individuum mit einer bestimmten Herkunft, biographischen Entwicklung und religiösen Überzeugung. Er war eine Person, an der und durch die etwas geschah, das sich nicht aus der Wirklichkeit seiner Zeit, aus den Ordnungen seiner Welt, aus der Verfasstheit seiner Kirche heraus erklären ließ. Er war eine Person, an der und durch die Erfahrungen von Transzendenz, letzten Verbindlichkeiten im Verhältnis Gottes zu den Menschen, unmissverständlichen Gewissheiten über Heil oder Unheil gemacht wurden, eine Person, an deren Beurteilung sich die Geister schieden wie selten an einem Menschen vor ihm.

Luder war diese Person als «Luther»; der Name, den er sich selbst zu Beginn der Ablasskontroverse gab, reflektiert das neue Selbstverständnis seiner Person: aus «Luder» war «Eleutherius», der in Gott Freie, von Christus Befreite geworden (B. Moeller, K. Stackmann 1981). Als «Luther», als Person, die sich selbst in neuer Weise als Christ verstand, wurde er bekannt, berühmt, gehasst, verehrt, verketzert, als eine Art zweiter Christus beinahe divinisiert – eine Jahrhundertgestalt. Als Christ, als vor Gott befreiter Mensch, als «Luther», wurde er einigen seiner Zeitgenossen zum Anlass, das, was Christsein hieß, in neuartiger, das bestehende Kirchenwesen fundamental infrage stellender Weise zu durchdenken und selbst zu formulieren; anderen aber gereichte er zur Herausforderung, um im Widerspruch gegen ihn die traditionsbewährte Plausibilität der römisch-katholischen Auslegungsgestalt des Christentums in Lehre und Leben zu erweisen.

Luther war eine öffentliche Person, jemand, der in die Öffentlichkeit drängte und seine Belange in die Öffentlichkeit zog, eine Person, an der sich öffentliche Auseinandersetzungen vollzogen, die wie keine geschichtliche Gestalt vor ihm öffentliche Aufmerksamkeit zu inszenieren, zu mobilisieren, zu instrumentalisieren wusste. Zugleich wurde er ein Opfer der Öffentlichkeit, ein Objekt polemischer Wertungen, fragwürdiger Inanspruchnahmen, interessengeleiteter Projektionen. Luther war der erste «Medienstar» der Geschichte, der die Medienrevolution der Zeit zu nutzen wusste und zugleich von den neuen Medien aus der Druckpresse benutzt wurde. Und er war bei all dem Rummel, den es um seine Person gab, doch vor allem eines: Ausleger der Bibel an einer traditionslosen Universität am Rande der Zivilisation, deren Name erst durch ihn weltbekannt wurde und für immer mit ihm verbunden blieb: Wittenberg.

Zu Luthers Person gehörte beides konstitutiv hinzu: die kontemplativ-grüblerische Zurückgezogenheit des Bibellesers, -übersetzers und Beters, des geistlichen Dichters, des sorgfältigen Textinterpreten und -komponisten und die aktiv-gestalterische, kommunikative Offenheit des Predigers, des Polemikers, des die Öffentlichkeit suchenden Sprachvirtuosen. Luthers Person umfasste zugleich ausgeprägt introvertierte und extrovertierte Züge, einen Hang zur Intimität im Umgang mit Vertrauten und einen Drang zur Mitteilung gegenüber Fremden, eine Neigung zu spontanem Vertrauen und zu abgrundtiefem Misstrauen. Er stand zugleich im Angesicht seines Gottes und im Horizont der Welt, und gerade diese Simultaneität der Relationen, in denen er sich verstand, konstituierte seine geschichtliche Existenz und seine historische Bedeutung. Weil der Beter und Bibelleser Luther zugleich ein virtuoser Literat war – beziehungsweise nach und nach, im Prozess des Schreibens, wurde – und weil der Agitator, Kämpfer und Propagandist sein Wirken an die Meditation der Schrift und die Zwiesprache mit seinem Gott zurückband, befruchteten sich beide «Wesensnaturen» und ermöglichten ihm, sich flexibel und variantenreich auf die geschichtlichen Herausforderungen einzulassen, die auf ihn einstürmten und ihn überforderten.

Zu einer öffentlichen Person ist Luther als der geworden, der sich mit bohrender Gründlichkeit, selbstquälerischer Intensität und unermüdlicher Zuversicht über die Bibel gebeugt hat, um sie zu lesen, wieder zu lesen und immer noch einmal zu lesen, ihren Wortlaut abzuklopfen, um aus menschlichen Worten Gotteswort herauszufiltern. Das meditierende Lesen der Bibel war ihm Gespräch mit Gott. In diesem Gespräch wuchsen ihm Einsicht und Sprachkraft zu, die ihn in die Öffentlichkeit trieben; denn es ging ja um nichts Geringeres als um die Wahrheit des christlichen Glaubens, die, wie er meinte, in der Kirche seiner Zeit verloren gegangen war und die zu sagen und wiederaufzurichten er sich berufen wusste. Die öffentliche Person Luther ist keine gegenüber der tiefgründigen Beter- und Büßernatur sekundäre oder «uneigentliche» Gestalt, sondern sie hängt mit dieser untrennbar zusammen. Als öffentlicher Person, als theologischem Lehrer, Prediger, religiösem Schriftsteller, als jemandem, der coram publico zu reden gefordert war, wuchsen Luther neue Einsichten zu, entwickelte er Positionen weiter, die auch für sein Verständnis der Bibel oder einzelner Texte, für sein Gebet, sein Gottesverhältnis bedeutsam wurden. Luther, den religiösen Genius, als «Bruder Martinus» oder «Vater im Glauben» zu loben oder gar zu verehren, den Agitator, Polemiker, «Verräter der Bauern», Ketzerrichter und Judenfeind Luther seiner «Irrungen und Wirrungen» wegen aber zu schelten und zu verachten, prallt an der historischen Person ab. Er ist von alledem etwas und geht darin doch nicht auf. Die liebens- und die verachtungswürdigen Züge an ihm sind nicht gegeneinander aufzuwiegen. Sie gehören zusammen, denn: Luther ist in allem, was er sagte und tat, in seiner Größe und in seinen Grenzen, immer Luther, die Chimäre des 16. Jahrhunderts.

Als öffentliche Person wurde Luther beinahe sogleich, als er auf der geschichtlichen Bühne erschien, zum Anlass unterschiedlicher Deutungen und spezifischer Inanspruchnahmen und ist es seither geblieben. Einige Humanisten sahen in ihm einen Mitstreiter für die Erneuerung der *bonae literae*, den Kampf gegen die scholastische Theologie und für die Befreiung der deutschen Nation vom römischen Joch. Einige Reichsritter begrüßten ihn

als Anwalt ihres Kampfes gegen die Übermacht der Territorial-
fürsten und für die deutsche Freiheit; einige Städter sahen in
ihm einen Parteigänger im Ringen um städtische Autonomie;
manche Bauern begrüßten ihn als einen Gewährsmann ihrer
Forderungen nach sozialer Gerechtigkeit, Abschaffung des
Zehnten und der Restitution des alten, göttlichen Rechts. Weib-
liche und männliche Laien beriefen sich auf Luther und seine
Auslegung der Schrift, um ihren christenmenschlichen Anspruch auf öffentliche religiöse Kommunikation und laikale Ur-
teilskompetenz in Glaubensfragen zu artikulieren. Entlaufene
Mönche und Nonnen begründeten ihren Ausbruch aus dem als
Gewissensgefängnis empfundenen Ordensstand mit exegetischen Einsichten, die ihnen Luther vermittelt hatte. Diese schillernden Wirkungen der öffentlichen Person Luther, die den Prozess der Reformation eröffneten und begleiteten, sind nicht einfach nur produktive oder problematische Missverständnisse
Luthers, sondern gehören zum öffentlichen Charakter seiner
Person konstitutiv hinzu. Denn die Zerfallsprozesse der reformatorischen Bewegung, die seit circa 1522, seit dem öffentlichen Bruch mit der sogenannten Wittenberger Bewegung und
ihrem Protagonisten Karlstadt, einsetzten, schufen nach und
nach jene schmerzhaften Klärungen, die eine Unterscheidung
zwischen dem, was Luther selbst wollte und dachte, und dem,
was man bei ihm finden zu können gemeint oder in ihn hinein-
projiziert hatte, möglich und nötig machten. Die Geschichte der
reformatorischen Bewegung, die in die Ausbildung unterschiedlicher theologischer und kirchenpolitischer Gruppen, etwa der
Reformierten oder des Täufertums, einmünden sollte, ist auch
ein Klärungsprozess hinsichtlich der öffentlichen Person Luthers
selbst gewesen. In der Polarität zwischen dem jungen, bahnbrechenden, «progressiven» und dem alten, orthodoxen und «kon-
servativen» Luther ist diese Spannung perpetuiert worden.
Doch auch die biographischen Diskontinuitäten und positionel-
len Weiterentwicklungen, die Luthers mit der Geschichte seiner
Zeit untrennbar verbundene Biographie begleiten sollten, lösten
die für seine Person konstitutive Existenzdialektik nicht auf:
Der «junge» wie der «alte» Luther lebte ganz in seiner Gottes-

beziehung und ganz in der Öffentlichkeit, zugleich *coram deo* und *coram hominibus*, eine Beter- und eine Täternatur.

Solange Luther lebte, konnte er sich zu den Wertungen und Inanspruchnahmen, die ihm als öffentlicher Person widerfuhren, verhalten. Er tat dies freilich keineswegs bei jeder sich dazu bietenden Gelegenheit, sondern wählte gezielt aus; Kontroversen führte er zumeist nur dann und nur solange, bis seine Position unmissverständlich artikuliert, «die Wahrheit aufgerichtet» war und ihm der sachliche Ertrag einer Auseinandersetzung gewährleistet schien. Sein Glaube an die Macht der sich selbst durchsetzenden Wahrheit des Wortes Gottes hielt ihn davon ab, auf theologische Gegner, die er für sachgerecht widerlegt hielt, immer wieder und noch einmal einzuschlagen.

Zu Luthers historischer Bedeutung gehört wesentlich, dass er über den Nötigungen des kontroverstheologischen und reformatorischen Tagesgeschäftes größere literarische Aufgaben, sein Postillenwerk etwa, die Katechismen und Bibelkommentare und seine Übersetzung der Bibel, nicht aus dem Blick verlor, sondern in beharrlicher, kleinschrittiger Tages- und Nachtarbeit weiterverfolgte. Insofern ließ sich Luther von den aktuellen Beanspruchungen, in die er geriet und die er auf sich nahm, nicht vollständig verbrauchen. Die ihm durch die Verpflichtungen als Professor und Prediger auferlegte äußerliche Lebensorganisation gewährleistete eine Arbeitskontinuität in der Auslegung biblischer Bücher und nötigte zur Disziplin, ließ ihm aber zugleich hinreichende Spielräume, drängende literarische Aufgaben zum Teil ungemein zügig zu erledigen. Auch der aktuelle Tagespublizist und der sorgsam fortschreitende, geduldige Bibelexeget und -übersetzer, der nachhaltig wirksame Werke schaffen wollte, machen die zutiefst ambivalente historische Person Luthers aus.

Nach Luthers Tod setzten sich die vielfältigen Deutungen und Wertungen seiner Person durch Freund und Feind fort. In der Geschichte des lutherischen Protestantismus blieben er und die durch seine Person, wie man überzeugt war, mit Gottes Hilfe heraufgeführte «Reformation» identitätsbildende Bezugspunkte; neben der Bibel waren dies die zugleich stabilsten und auslegungsfähigsten, aber auch -bedürftigsten Orientierungsgrößen des evangelischen Christentums. Und auch die Kritiker des Luthertums oder des Christentums überhaupt hatten in Luther einen ihrer vornehmsten Zielpunkte. Alle nachreformatorischen Etappen und Epochen, die der Protestantismus durchlief, suchten sich in ein produktives Verhältnis zu Luther zu setzen und ihre Lehrauffassungen und Reformvorstellungen von Luther her zu reflektieren und zu legitimieren, auch wenn seiner Person als solcher kein mit der Bibel vergleichbarer dogmatischer Rang zuerkannt wurde. In der Epoche des konfessionellen Luthertums galt er als der von Gott gesandte Schriftausleger und Kirchenlehrer schlechthin, dessen Wahrheiten zumeist in Gestalt einzelner Lehrsätze zitiert und reflektiert wurden, getragen von dem Anspruch, sein geistiges Erbe als Lehrganzes kongenial der eigenen Gegenwart zu vermitteln.

Mit dem Pietismus begann ein strategischer Umgang mit Luther vorherrschend zu werden: Man dividierte seine «beiden Naturen» entwicklungsgeschichtlich auseinander, begründete kirchliche Reformvorstellungen von ihm her und stützte sich vor allem auf den «jungen» Bahnbrecher und Befreier der Laien kraft des allgemeinen Priestertums, relativierte damit aber zugleich den «alten», intransigenten Verfechter des geistlichen Amtes und der kirchlichen Rechtgläubigkeit. Der mehr oder weniger offen eingestandene selektive theologische Umgang mit dem Reformator, der seit dem späteren 17. Jahrhundert üblich wurde, tat seiner prinzipiellen Wertschätzung freilich keinen Abbruch. Die Aufklärung konnte ihn als frühen Apostel der Geistes- und Gewissensfreiheit beanspruchen, die deutsche Nationalbewegung ihn als Bannerträger deutscher Nationalität auf den Schild heben, der Neuprotestantismus Glaubens- und Gewissensfreiheit an seiner Person retrospektiv legitimieren, aber zugleich die vormodernen Züge seiner Theologie in Bezug auf Anthropologie, Weltbild und Schriftverständnis kritisch herausarbeiten. Bei nationalprotestantischen oder völkischen Theologen und nationalsozialistischen Ideologen wurde ein antiwestlich-deutscher oder ein antisemitischer Luther zum Maßstab seiner Zeitgemäßheit und riss seine Person damit so tief in den

Strudel geistiger Barbarei hinab, dass ihr in Thomas Manns Wort vom «stiernackigen Gottesbarbaren» (1945) ein bewegendes Urteil gesprochen werden musste. Die geschichtliche Person Luthers aber trifft dies ebenso wenig wie all die anderen mehr oder weniger gerechten Urteile über die extremen Projektionsbilder, die der Wittenberger Bibelprofessor im Laufe einer vierhundertjährigen Deutungsgeschichte auf sich gezogen hat. Dass Luther bis heute zu den bekanntesten und geachtetsten Gestalten der deutschen Geschichte, zu – so der Titel einer einschlägigen Fernsehsendung – «unseren Besten» gezählt wird, dürfte nicht nur mit der Regelmäßigkeit der Lutherjubiläen und seiner kulturtouristischen Vermarktungsfähigkeit zusammenhängen, sondern auch damit, dass er die Sehnsucht nach einem erinnerungskulturellen Bezugspunkt in der deutschen Geschichte, der vor 1933 liegt, befriedigt. Dass der «Antisemit» Luther die Gemüter erhitzt, hängt zugleich mit seiner analogielosen geschichtspolitischen Bedeutung zusammen. Immerhin, Luther ist derjenige Deutsche der älteren Geschichte, über den wir am meisten wissen. In ihm spiegeln sich Ambivalenzen der deutschen Geschichte in einzigartiger Weise.

Für die Charakteristik von Luthers Person, wie sie in diesem Büchlein verfolgt wird, ist die einfache Beobachtung konstitutiv, dass er zugleich ganz in seiner Gegenwart und ganz in seinem Glauben lebte. Dabei standen sich Zeit- und Glaubensbewusstsein in Luthers Person nicht beziehungslos gegenüber, im Gegenteil: Zeitgeschichtliche Erfahrungen wirkten auf seinen Glauben ein, und sein Glaube erschloss ihm Erfahrungen und deren Deutung. So wenig Luthers Person ohne die geschichtlichen Beziehungen, in denen sie stand, verstehbar ist, so wenig geht sie in diesen auf. Seine Person repräsentiert eine Identität, die einerseits von den geschichtlichen Bedingungen, in denen sie existierte, durch und durch geprägt und insofern historisch bewegt war, die sich andererseits ganz und gar vom aktuellen Wirken ihres Gottes bestimmt und getragen wusste. Theologie und Biographie, Glaube und Erfahrung, Kontemplation und Agitation sind in Luthers Person untrennbar und weitaus inniger verbunden, als dies bei den meisten Theologen seiner Zeit der Fall war. Diesem intensiven Korrelationszusammenhang kommt eine für Luthers Person konstitutive Bedeutung und charakteristische Qualität zu. Deshalb wird die Suche nach der historischen Gestalt Luthers immer zugleich von seinem Leben *und* seinem Glauben, seiner Zeit *und* seinem Gott, seinem Selbstverständnis *und* den Urteilen über ihn im Sinne eines dynamischen Zusammenhangs bestimmt sein. Dieses in Bezug auf sich selbst ganz und gar fragmentarische, in Bezug auf seinen Glauben ganz und gar vollendete und gewisse Leben vollzog sich weitgehend fern der Macht- und Kulturzentren seiner Zeit und veränderte die abendländische Kirche und dadurch die Welt doch wie selten das eines Menschen vor oder nach ihm.

I. Auf der Suche nach Luther

Die Art und Weise, wie sich eine Person selbst verstanden hat, kann ein «Bild», das man von ihr zu entwerfen versucht, nicht ersetzen, gehört zu diesem aber selbstverständlich hinzu. Sie steckt einen Deutungshorizont ab, der die historiographische Rekonstruktion vor der Anwendung anachronistischer und unsachgemäßer Verstehens- und Beurteilungskriterien bewahren kann. Die Geschichte der Lutherdeutung dokumentiert, dass in Bezug auf Luther Anlass besteht, seinem Selbstverständnis eine regulative Funktion im Hinblick auf das «Bild» seiner Person zuzuschreiben, da gerade er ein bevorzugtes Objekt unterschiedlichster Projektionen und Inanspruchnahmen geworden und geblieben ist.

Luther sprach auffällig häufig und in sehr unterschiedlicher Weise über sich selbst – gegenüber Vertrauten in Briefen und Tischreden, aber auch in Predigten oder Druckschriften vor der Öffentlichkeit. Es dürfte schwer fallen, einen mit Luther zeitgenössischen oder einen mittelalterlichen Theologen zu nennen, der ähnlich vielfältige Äußerungen über sich selbst getan hat wie er. Sowohl die analogielos intensive Bezugnahme der Zeitgenossen auf seine Person als auch der untrennbar enge Zusammenhang zwischen ihm und seiner Theologie waren dafür entscheidend, dass sich Luther genötigt und ermächtigt fühlte, über sich selbst zu reden. Luthers Äußerungen über sich selbst bewegten sich zeitlebens zwischen den denkbar extremsten Gegensätzen höchster Selbstgewissheit und zuversichtlichster Sorglosigkeit einerseits, tiefster Unwürdigkeit und dunkelster Selbstanklage andererseits. Er verband in seinen Äußerungen über sich selbst die vor allem in der monastischen Tradition des Mittelalters kultivierte Tendenz zur skrupulösen Selbstverneinung und die vor allem im Menschenbild des Humanismus geläufige optimistische Selbstbejahung des Menschen und seiner

Möglichkeiten zu einer spannungsreichen, seinem Verständnis des Christseins entsprechenden Einheit.

Unter den verschiedenen Momenten seiner Selbstdeutung kommt dem Umstand, dass er sich als Christ verstand, eine herausragende Rolle zu. «Ich habe nichts und bin nichts, es sei denn, daß ich mich beinahe rühmen kann, ein Christ zu sein» ([*Ego vero nihil habeo et sum, nisi quod Christianum esse me prope glorier.*] WA 18; 786,25f) konnte Luther 1525 gegenüber Erasmus formulieren und damit in Bezug auf seine eigene Person zuspitzen, was ihm im Hinblick auf die theologische Anthropologie unumstößlich gewiss war, nämlich dass der Mensch Gott gegenüber aus eigener Willensanstrengung nichts vermag. Die letzte schriftliche Lebensäußerung Luthers, zwei Tage vor seinem Tod, am 16. Februar 1546, abgefasst, schloss mit den Worten «wir sind Bettler, hoc est verum» (das ist wahr) (WA 48; 241; WATr 5; 168,35; 318,2f; WABr 12; 363f); sie markierte die Grenzen menschlichen Verstehens vor allem in Bezug auf die Heilige Schrift, die ohne Erfahrung und ohne den unverfügbaren Beistand des Heiligen Geistes nicht verstanden werden könne. Das vollständige Angewiesensein auf Gottes allein im Glauben gewisse Gnade war das zentrale Merkmal seines Selbstverständnisses.

In der ihm selbst zuteil gewordenen und durch ihn verbreiteten Erkenntnis Christi und seines Evangeliums sah Luther das einzige Unterpfand seiner persönlichen Glaubwürdigkeit. In seinem Testament des Jahres 1542 (6.1.; WABr 9; 573,59–69) formulierte er: «Man wolle mich lassen sein die person, die ich doch ynn der Wahrheit bin, Nemlich offentlich, und die beide ym himel, auff erden, aüch ynn der Helle bekand, ansehens oder aütoritet gnüg hat, der man trawen und gleüben mag, mehr denn keinem Notario. Denn so mir verdampten, armen, unwürdigen, elenden sünder Gott, der Vater aller Barmhertzickeit, das Eüangelion seines lieben Sons vertrawet, dazu mich aüch trew und warhafftig drinnen gemacht, bis her behalten und fünden hat, Also das aüch viel ynn der welt dasselb dürch mich angenomen, Und mich für einen lerer der Warheit halten, ungeachtet des Bapsts bann, keisers, konige, fürsten, pfaffen, ia aller teufel Zorn [...].» Luthers Selbstverständnis bestand im Kern in der auf seine eigene Person angewandten Fundamentalerkenntnis seines Glaubens an die unverdiente, allein in Gottes Erbarmen und nicht in einer Würdigkeit des Menschen begründete Begnadigung und Befreiung des Sünders. Sein mit der Rechtfertigungsgewissheit untrennbar verbundenes Sündenbewusstsein im Sinne der Einsicht in die nur von Gott selbst zu überwindende Gottesferne, ja Gottesfeindschaft des Menschen bildete die theologische Basis seiner vielen dialektisch-spannungsreichen Selbstaussagen.

Bereits Luthers erstem über den engeren Kontext der Universität hinauszielenden öffentlichen Agieren im Herbst 1517, zu Beginn des Ablassstreites, dürfte dieses Selbstverständnis zugrunde gelegen haben. Im Wechsel seines Familiennamens von «Luder» zu «Luther», den er erstmals eindeutig in einem Brief an den für den Ablasshandel in der Erzdiözese Magdeburg verantwortlichen Erzbischof Albrecht von Mainz vom 31. Oktober 1517 vollzog, in dem er unter Übersendung seiner 95 Thesen die Ablasspropaganda einzustellen forderte, drückte sich ein Selbstverständnis aus, das sich in der Bindung an Christus ganz und gar befreit wusste. In der griechisch-lateinischen Namensform «Eleutherius», d. h. der Freie, hat Luder das, wie er meinte, von Gott in seinen Familiennamen hineingelegte Geheimnis über seine Person etymologisch verifiziert. In einer Briefunterschrift an seinen Freund Johann Lang vom 11. November 1517 – übersetzt: «Bruder Martinus Eleutherius, ja Knecht und Gefangener allzusehr, Augustiner zu Wittenberg» (WABr 1; 122,56f) – hat er die für sein Selbstverständnis fortan charakteristische Dialektik pointiert herausgestellt: Von Gott her gesehen weiß sich Luther gerecht und frei; im Blick auf seine eigene Person ist er ein Gefangener der Sünde und ein unwürdiger Knecht.

Das sich in seinem nie wieder rückgängig gemachten Namenswechsel artikulierende dialektische Existenzverständnis als Knecht und Freier zugleich weist unverkennbare Parallelen zu Selbstaussagen des Apostels Paulus auf: Wie dieser (Gal 1,12) konnte Luther für sich in Anspruch nehmen, das Evangelium «nicht von Menschen, sondern allein vom Himmel durch unsern

Herrn Jesum Christum» (WABr 2; 455,41f; Brief an Kurfürst
Friedrich von Sachsen 5.3.1522) empfangen zu haben; in Analogie zu Paulus konnte er seinen Kampf gegen die «Papisten»
mit dem des Apostels gegen seine judaisierenden Gegner identi-
fizieren und sich (vgl. 2 Kor 11,22f) seiner «Schwachheit» rühmen (vgl. WA 30 II; 635,4–636,10), um in ähnlich «heiligem
Hochmut» (WA 2; 451,25f: *sanctissima [...] superbia*; vgl.
471,30; WA 25; 12,21), wie er ihn bei Paulus feststellte, seinen
unbeirrbaren Wahrheitsanspruch als «unwirdiger Evangelist»
(WA 30 III; 366,8), der freilich «in der Schrift gelehrter» sei als
«alle sophisten und papisten» (WA 15; 216,4f), kämpferisch zu
vertreten. Auch wenn Luther keine persönliche Inspiration im
Sinne einer unmittelbaren Offenbarungserfahrung für sich in
Anspruch nahm und insofern feststellen konnte: «Ich sage nit,
daß ich einn prophet sey» (WA 7; 313,17), war ihm die mittelba-
re Wahrheitserkenntnis kraft des biblischen Wortes und die Berufung zu ihrer Verbreitung gewissester Besitz: «Byn ich nit einn
prophet, szo bynn ich yhe doch gewiß fur mich selbs, das das
wort gotis bey mir und nit bey yhnen [sc. seinen «papistischen»
Gegnern] ist, denn ich yhe die schrifft für mich habe, und sie
allein yhre eygene lere.» (WA 7; 313,21–23) Luthers Wahrheits-
gewissheit war in bohrendem Selbstzweifel über der Frage, ob er
als Einzelner gegen die Autorität der Papstkirche und das Gewicht der Auslegungstradition in seinem Verständnis des christlichen Glaubens Recht haben könne, erkämpft: «Wie offt hat
mein hertz getzappelt, mich gestrafft und myr furgeworffen yhr
[sc. der «Papisten»] eynick sterckist argument: Du bist alleyn
klug? Sollten die andern alle yrren und ßo eyn lange tzeyt geyr-
ret haben?» (WA 8; 482,32–483,3)
  Zur dialektischen Struktur von Luthers Selbstverständnis gehörte konstitutiv hinzu, dass er die einmal gewonnene Glaubens-
erkenntnis in lebenslangen Anfechtungen immer wieder zu be-
währen hatte. Gemäß der an biblischen Beispielen gewonnenen
Überzeugung, dass Gott seine Kirche seit der Schöpfung durch
einzelne Wahrheitszeugen erhalten habe, durch Adam, Abra-
ham, Noah etwa, durch alttestamentliche Propheten wie Jesaja,
Daniel oder schließlich durch die Kirchenlehrer Augustinus, Am-

brosius und Bernhard von Clairvaux, scheint sich Luther gelegentlich als eine Art letzter Zeuge vor dem apokalyptischen Ende
der Zeiten und insofern als ein «Endzeitprophet» verstanden zu
haben (WATr 5; 23,27–24,6). Nach und nach wurden dem Wittenberger Theologen Weissagungen von einem «Eremiten», der
das Papsttum unter Leo X. angreifen (WATr 1; 69,21–24), oder
von jemandem, der 1516 (WABr 5; 162,3–12; WA 50; 601,5f)
das Mönchtum vertilgen werde, bekannt. Dass diese auf ihn und
sein Selbstverständnis ohne jede Wirkung geblieben sein sollen,
zumal sie in seinem unmittelbaren Umfeld eindeutig auf ihn bezogen und von einigen Epigonen emsig tradiert wurden, ist kaum
wahrscheinlich. Der dynamische Erfolg des «Laufs des Evangeliums» gegen alle Versuche, ihn zu hemmen, den Luther in der reformatorischen Bewegung der frühen 1520er Jahre wahrnahm,
galt ihm als Bestätigung seiner göttlichen Berufung: «Aber weyl
myr Gott den mund auff gethan hatt und mich heyssen reden,
dazu so krefftiglich bey mir stehet und meyne sache on meynen
rad und thatt so viel stercker macht und weytter ausbreytt, so viel
sie mehr toben, und sich gleich stellet als lache und spotte er yhrs
tobens […]. Darumb will ich reden / wie Jesaja sagt [Jes 62,1] und
nicht schweygen […].» (WA 15; 27,12–21) Sein Selbstverständnis als eines dem «deutschen Land» von Gott «verordenet[en]»
(WA 15; 27,28f) Predigers, an dem sich das Verhältnis zu Christus entscheide (WA 15; 28,1f), dessen Sache die Sache Gottes sei
(WA 9; 303,17ff) und durch den Christus das Papsttum töte
(WA 8; 684,26–29), ja als eines «Propheten der Deutschen»
(WA 30 III; 290,28), überstieg den Wahrheitsanspruch wohl beinahe jedes mittelalterlichen oder altkirchlichen Theologen und
gründete in Luthers Bewusstsein, keine «neue» Lehre vorzutra-
gen, sondern den Kern der «alten» biblischen Botschaft erstmals
seit Jahrhunderten wieder freigelegt zu haben. Luther lebte in der
Gewissheit, dass Gott ihm im Gericht das Zeugnis ausstellen werde, dass er gut gelehrt (WA 17 I; 232,2f) habe.

Das Selbstbewusstsein des von der Schrift unterwiesenen, ja
bezwungenen Lehrers der wahren Kirche war auch ein historischer Reflex auf die Luther widerfahrende Verketzerung durch
die Papstkirche seiner Zeit.

Besonders zu Beginn seiner Auseinandersetzung mit der scholastischen Theologie und der herrschenden Ablass- und Bußpraxis spielte für Luther die Berufung auf seinen theologischen Doktorgrad eine wichtige Rolle. Denn er leitete – ganz «mittelalterlich» – aus der Tatsache, dass ihm die Kirche durch seinen Orden das Amt eines zu eigenem theologischem Urteil berechtigten Universitätslehrers übertragen hatte, die Verpflichtung ab, im Auftrag der Kirche die rechte Lehre zu verteidigen und jede Irrlehre zu bekämpfen. Die «Person», die Luther dadurch geworden war, dass er als Amtsinhaber am geordneten Leben der Gemeinschaft teilnahm, gab er nicht einfach auf. Da er «nit allein ein narr, sondern auch ein geschworner Doctor der heyligenn schrifft» (WA 6; 404,31–405,1) sei, entspreche sein Einsatz für die Wahrheit des Evangeliums dem, was er seinem «Gewissen, Eid und Pflichten nach, als ein armer Lehrer der H. Schrift» (WABr 2; 254,53–255,54; vgl. WA 7; 162,8–15) zu tun verpflichtet sei. Nachdem Luther infolge des päpstlichen Banns und der kaiserlichen Reichsacht seiner «titel berawbt» (WA 10 II; 106,10f) worden war, traten zeitweilig andere Selbstbezeichnungen, insbesondere die als «Ecclesiastes» oder «Prediger» und «Evangelist», in den Vordergrund. Aber einen Verzicht auf den Doktortitel, der einer Anerkennung des über ihn ergangenen Ketzerurteils gleichgekommen wäre, hat Luther abgelehnt. In den Auseinandersetzungen mit einigen seiner innerreformatorischen Gegner, aber auch in der Polemik gegen «altgläubige» Kontroverstheologen (WA 30 II; 635,8–636,2), setzte Luther sein Doktorat als argumentatives Hilfsmittel zur Legitimation seines Lehranspruches ein. In der einst mit dem Doktorat widerstrebend angenommenen Verpflichtung zu schriftgemäßer Lehre sah Luther im Rückblick Anlass und Grundlage jener theologischen Entwicklung, die ihn in einen Gegensatz zur Papstkirche geführt hatte: «Ich aber Doctor Martinus bin dazu beruffen und gezwungen das ich muste Doctor werden, on meinen danck, aus lauter gehorsam, Da hab ich das Doctor ampt mussen annemen und meiner aller liebsten heiligen schrifft schweren auch geloben, sie trewlich und lauter zu predigen und leren; Uber solchem leren, ist mir das Bapsttum ynn weg gefallen, und hat mirs wollen weren.» (WA 30 III; 386,14–387,2; zum durch apostolische Vollmacht übertragenen Doktoreid: WA 56; 480,5–7; WA 30 III; 437,18f) Luthers Anspruch, den Widerstand gegen die Kirche seiner Zeit in Wahrnehmung des an ihn ergangenen kirchlichen Auftrages zu artikulieren, bildet ein seine Person in allen Lebensphasen seit seiner Promotion im Oktober 1512 prägendes Kontinuum. Indem sich der Ketzer Luther «einen Ecclesiasten von gotis gnaden» oder «einen Evangelisten von gotis gnaden» (WA 10 II; 105,17f.19f) nannte, demonstrierte er auf die denkbar provozierendste Weise, dass er das, was er zu sagen hatte, allein «durch anregen [...] des geystes» (WA 7; 164,5f) vortrug und dass Christus «meyner lere meyster ist und auch tzeuge seyn wirt am iungsten tage, das sie nicht mein, ßondern sein lauter Evangelion ist [...].» (WA 10 II; 106,2; vgl. WATr 2; 307,33–35)

Die theologisch entscheidende Grundlage seines Wahrheitsbewusstseins und seines Selbstverständnisses als Person bestand freilich in der elementaren Tatsache, «unwirdig eyn getauffter Christen» (WA 7; 162,8) zu sein, also im Christsein selbst. Dies bildete den Kern seiner personalen Identität, die nicht in ihm selbst, sondern in Gott beziehungsweise Christus begründet war, und dies befähigte ihn auch, in situationsgerechter Freiheit mit sich selbst, dem historischen Individuum Martin Luther, umzugehen. So konnte er sich etwa in Selbstanwendung des apostolischen Sich-Rühmens (2 Kor 11,2f) als «Doctor uber alle Doctor jm gantzen Bapsttum» (WA 30 II; 636,2f) bezeichnen oder als «stinkende[n] madensack», nach dessen «heiloße[m] namen», als «lutherische», die «kinder Christi» (WA 8; 685,6ff; vgl. WA 10 II; 40,5–29) mitnichten benannt werden sollten. Luthers in der paulinischen Dialektik von Freiheit und Christusknechtschaft begründete Selbstdeutung, die aus kulturellen Wahrnehmungsmustern des mittelalterlichen Christentums nicht ableitbar ist und allenfalls in der Gestalt des Narren (WA 6; 404,23ff; 405,2) eine kulturgeschichtliche Analogie besitzt, trug wesentlich dazu bei, dass seine Person vielfältiges Interesse fand.

Die Wahrnehmung und Bewertung, die Luther durch sympathisierende Zeitgenossen zuteil wurde, ist nicht ganz ohne Anhalt an seinem Selbstverständnis. Am innerlich fernsten standen seinem Anliegen wohl jene Humanisten im Umkreis des Erasmus, die seinen Kampf um das Evangelium im Lichte ihres eigenen Ringens um eine Erneuerung der *bonae literae* wahrnahmen und in der Opposition zur scholastischen Theologie und zu «abergläubischen» Auswüchsen des zeitgenössischen Kirchenwesens gemeinsame Zielvorstellungen sahen. Im Verhältnis zu diesen für die frühe Verbreitung Lutherscher Ideen und Texte zentral wichtigen Kombattanten vollzogen sich verstärkt seit 1520 Scheidungen, die sich vor allem daraus ergaben, dass eine tragfähige theologische Basis zwischen dem Wittenberger und ihnen kaum bestand.

Unter den frühen Epitheta, die auf Luther angewandt wurden, dominierten solche, die in ihm einen «Mann» oder «Knecht» Gottes, ein erwähltes Werkzeug Christi, einen gesandten Propheten in der Nachfolge Daniels – so erstmals in der von dem Baseler Münsterprediger und Theologieprofessor Wolfgang F. Capito bei dem Erasmus-Drucker Froben in Basel herausgegebenen frühesten Luthersammelausgabe vom Herbst 1518 – oder Elias – so wohl erstmals von dem Züricher Prediger und späteren Reformator Ulrich Zwingli und später besonders von Melanchthon gebraucht – sahen. Vor allem der mit dem Elia-Epitheton verbundene apokalyptische Vorstellungszusammenhang, nach dem Gott beim Auftreten des Antichristen den nicht gestorbenen, sondern entrückten Propheten Elia (2 Kön 2,11f) entsendet, um die bedrängte Christenheit zu warnen und zu trösten und die baldige Wiederkunft des Herrn anzukündigen, erfreute sich seit Beginn der Reformation einer gewissen Beliebtheit und führte zu einer im lutherischen Protestantismus langfristig wirksamen heilsgeschichtlichen Deutung des Wittenberger Reformators. In einer wohl noch 1521 erschienenen Flugschrift *Von der Christförmigen … Lehr … Luthers* aus der Feder Michael Stifels, eines frühen Parteigängers Luthers aus dem Augustinereremitenorden, hieß es in für die Lutherbegeisterung nach dem Wormser Reichstag charakteristischer Weise: «Dieweyl ich von den gnaden gotts nach vtzweisung der zeychen, bestimpt in der Bibel von den letsten zeyten der welt, mit Martino Luther nit anders halt, dann das uns die selbig zeyt nah sey, in welcher sich üben soll die verfürisch verfolgung des Antichrists wider die worheit Gotts, halt ich, das uns von Gott gesandt sey diser man, verordnet und ufferweckt zu entdecken und eröffnen den heymlichen subtilen betrug des Antichrists und seiner botten und diener in der inbrünstigkeit des Geists I Iclie [d. i. Elia].» Ungeachtet einer gewissen Distanzierung Luthers von der Vorstellung einer «Wicderkunft» des Elia (WA 10 I,1; 148,14f) scheint er der Anwendung dieses Epithetons auf seine Person nicht grundsätzlich widersprochen zu haben (WABr 7; 329,18). Dass Gott es war, und nicht, wie die «Papisten» meinten, seine Person, die die Umbrüche seiner Gegenwart ins Werk gesetzt hat, war eine für Luther nur im Glauben zu gewinnende Erkenntnis (WA 8; 683,24f).

In einer höchst erfolgreichen Flugschrift mit dem Titel *Passio Doctoris Martini Lutheri* wurde Luthers Geschichte auf dem Wormser Reichstag von 1521 in kunstvoller Nachahmung des Leidenswegs Christi zur Darstellung gebracht und damit die heilsgeschichtliche Qualität seiner Person, an der sich das Verhältnis zu Christus entscheide, betont. Auch diese Parallelisierung zwischen Christus und Luther hatte in Luthers Selbstverständnis insbesondere in den Jahren 1517 bis 1521 einen gewissen Anhalt (vgl. z. B. WABr 2; 305,17). Sie entsprach allerdings geläufigen Frömmigkeitsvorstellungen einer Imitatio Christi sowie einer ganz an der biblischen Tradition orientierten Sprachwelt und zielte nicht auf eine soteriologische Bedeutung der Person Luthers ab (WA 8; 685,4–15), sondern darauf, dass sich Christus in Luthers Lehre repräsentiere und sich in der Entscheidung über ihn angesichts des nahen Endes die Entscheidung zu Christus vollziehe. Der «altgläubigen» Polemik lieferte der Kult um Luthers Person willkommene Beweise für die Abgründigkeit seiner Ketzerei.

Das herausragende öffentliche Interesse, das sich seit 1519/20 an der Person Luthers entzündete, spiegelte sich auch in einer extensiven Produktion von Holzschnitten und Kupferstichen. Die für einen Ordensmann ganz und gar unübliche Verbreitung porträtähnlicher Darstellungen folgte offenbar einem Bedürfnis, die Gesichtszüge des berühmten, in den Verdacht der Ketzerei geratenen Bibelprofessors kennenzulernen. Besondere Popularität erreichten Bildtypen, die Luther in den Traditionsformen der Heiligendarstellungen mit der Bibel in der Hand und mit zum Himmel erhobenem Blick, häufig in einer Nische plaziert, zeigten. Der in kursächsischen Hofdiensten tätige Künstler und Lutherfreund Lucas Cranach d. Ä. erwies sich als außerordentlich produktiver Schöpfer unterschiedlicher Lutherimages. Die möglicherweise in Abstimmung mit der Lutherpolitik Friedrichs von Sachsen entwickelten Bildnisse setzten bald den meditativ-gesprächsbereiten Ordensmann, bald den in monumentalem Halbporträt in der Tradition der Heroentypologie gestalteten Gelehrten, bald den die Wittenberger Unruhen beendenden adelsmäßigen Ordnungsstifter im Barte, bald den unbeirrbar dreinblickenden, standfesten Kirchenvater, bald den bürgerlichen Ehemann in Szene. Keine Gestalt der vormodernen deutschen Geschichte ist so häufig, in so vielfältigen Formen und in so unterschiedlichen Medien visualisiert worden wie Luther.

In der frühen Reformationszeit waren auch Darstellungen verbreitet, die Luther mit einer Taube zeigten und so als endzeitlichen Träger des Heiligen Geistes, als «Gottesmann» inszenierten. Gelegentliche Hinweise darauf, dass Lutherbildnissen religiöse Devotion entgegengebracht wurde, dürften glaubhaft sein. Für manche Zeitgenossen war der als Ketzer zum Medienstar gewordene Bettelmönch ein neuer Heiliger. Dass Luther selbst einen wesentlichen Einfluss darauf genommen hätte, wie er ins Bild gesetzt wurde, ist nicht bezeugt. Behindert hat er all dies nicht, hätte es vielleicht auch gar nicht vermocht; allerdings hat er auf dem «authentischeren» Ausdruck seines «geistigen Bildes» in seinen Schriften insistiert. Das Interesse an seiner Person konnte seinem Selbstverständnis nach nur ein Mittel sein, die Sache, für die er stand, das Evangelium, zu verbreiten. Weil Luther im Erfolg seiner Sache, der Sache Christi, das geschichtsmächtige Handeln Gottes, das nur im Glauben erkannt werden könne, wirksam werden sah, schlugen ihn die jedes menschliche Maß sprengenden Bewertungen seiner Person nicht auf Dauer in ihren Bann, sondern führten ihn, durch Erfahrung mannigfach bereichert, zu sich selbst als in Christus befreitem Sünder und so in den Alltag der Welt am Ende der Zeiten zurück.

II. Ein Leben im Horizont
der Reformation Gottes

1. Gottes Reformation

Die Vorstellung, dass die Kirche einer grundlegenden *reformatio* bedürfe, teilte Luther mit nicht wenigen seiner Zeitgenossen. Freilich war ihm – und auch darin fällt er nicht aus üblichen Vorstellungen heraus – selbstverständlich, dass das Subjekt dieser endzeitlichen Reformation weder ein einzelner Papst noch viele Kardinäle, nicht einmal die ganze Welt, sondern allein Gott sein würde (WA 1; 627,27–31). Im Kontext des Ablassstreites formulierte er: «Die Zeit aber dieser Reformation (*Tempus autem huius reformationis*) weiß allein der, der die Zeiten geschaffen hat.» (Ebd.) Bis dahin gelte es, offenkundige Missstände wie den Ablass offenzulegen. Im Zuge des «Siegeslaufs des Evangeliums», der immensen Ausbreitung der sogenannten reformatorischen Bewegung zwischen der Leipziger Disputation (Sommer 1519) und dem Wormser Reichstag (Frühjahr 1521), dürfte Luther, dessen Verurteilung sich im Laufe des Jahres 1520 nach und nach klarer abzeichnete und dem in dieser Zeit immer deutlicher wurde, dass der römische Papst der Antichrist sei, gewiss geworden sein, dass die Zeit der von Gott heraufgeführten Reformation jetzt gekommen war. Luther selbst beziehungsweise das durch ihn verkündigte Wort Gottes war in seiner Sicht ein «Akteur» innerhalb der endzeitlichen Reformation der Kirche, durch die der himmlische Herr über die Zeit ein letztes Mal vor dem Jüngsten Tag die seinem Willen entsprechende Gestalt seiner Kirche gemäß dem Evangelium restituierte. Alle verbleibende Weltzeit, mochte sie noch ein, zwei oder drei Menschenalter währen, war nurmehr «letzte Zeit».

Dass die Reformation der Kirche, die unter dem Schutz protestantischer Landesherrn und städtischer Magistrate seit Mitte der 1520er Jahre nach und nach realisiert werden konnte, hin-

sichtlich ihrer Erstreckung zwar hinter den universalen Erwartungen einer umfassenden Kirchenreformation zurückblieb, in
Bezug auf die Durchführung dieser Reformation aber im wesentlichen dem entsprach, was Luther für sachgerecht hielt, kann
kaum zweifelhaft sein. 1537, im Kontext der Auseinandersetzungen um ein vom Papst verweigertes freies Konzil, stellte er
fest, dass «unser Kirchen [...] nu durch Gottes Gnaden mit dem
reinen Wort und rechtem brauch der Sacrament, mit erkenntnis
allerley Stenden und rechten wercken also erleucht und be-
schickt [sind], das wir unser halben nach keinem Concilio fragen
und inn solchen stücken vom Concilio nichts bessers zu hoffen
noch zu gewarten wissen.» (WA 50; 195,18–23) Luther war davon überzeugt, dass er mit «[s]einem Evangelio» «mehr refor-
mirt» (WA 38; 271,3) habe, als der Papstkirche mit fünf Konzilien möglich sei. Die hinsichtlich ihrer Erstreckung partikulare,
hinsichtlich ihrer Evangeliumsgemäßheit unter seinem gestalten-
den Einfluss sachgerecht durchgeführte Reformation evange-
lisch gewordener Stadt- und Territorialkirchentümer war für
den späteren Luther jene *reformatio*, die der jüngere Luther zu
Beginn seiner Auseinandersetzung mit der Kirche Roms als Werk
Gottes erwartet hatte.

Dass diese Reformation nicht den gesamten *orbis christianus*,
den ganzen christlichen Weltkreis, sichtbar verändert hatte,
sprach seines Erachtens nicht gegen ihre Wahrheit und Legitimität, galt nicht endgültig und gründete in Gottes verborgenem
Geschichtsplan. Die Erwartung der metahistorisch-endzeit-
lichen Reformation Gottes, ihr Eintreten und ihre gestaltende
Konkretion in den mikrohistorisch-alltäglichen Umsetzungsprozessen evangelischer Kirchentümer, die angesichts der Nähe
des Endes über die Sicherung des Notwendigsten – rechte Wortverkündigung und Sakramentsverwaltung – hinaus proviso-
risch bleiben mochte, umspannte Luthers Biographie. Eine His-
torisierung der Reformation als Epoche einer Geschichte, die
einer weiteren Zukunft entgegengeht, lag ebenso außerhalb seines mentalen Horizontes; auch die Vorstellung einer sich per-
manent reformierenden Kirche (*ecclesia semper reformanda*)
lag ihm fern.

Luthers Biographie zerfällt in eine mehr oder weniger verborgene frühere und eine aufgrund synchroner Quellen weitgehend bekannte spätere Phase. Zum Zeitpunkt des Übergangs von der einen in die andere Phase, dem Jahr 1517, war Luther bereits 34 Jahre alt, hatte seit fünf Jahren eine Professur an der Theologischen Fakultät der Universität Wittenberg inne – zeitlebens seine berufliche Basis – und trug seit zwölf Jahren das Ordensgewand der Augustinereremiten. Ein nach zeitgenössischen Konventionen «junger» Mann war Luther, als er von sich reden machte, nicht mehr. Spätere Rückblicke Luthers, in denen er auf seine Kindheit und Jugend, aber auch auf die Klosterzeit und die Anfänge seiner Berufung als Theologieprofessor und den Beginn der Auseinandersetzungen um die scholastische Theologie und die zeitgenössische Beicht-, Buß- und Ablasspraxis zu sprechen kam, enthalten unverzichtbare, freilich kritisch zu verwendende Informationen, die seinen frühen Lebensgang in Umrissen zu rekonstruieren erlauben. Plausible Anhaltspunkte, um Luthers spätere Entwicklung aus seinen früheren Lebensumständen heraus zu erklären, gibt es kaum. Dies ist einerseits eine Folge der Quellenlage, liegt andererseits in der Struktur von Luthers Entwicklung begründet, deren wesentliches Movens sein Gottesverhältnis war.

2. Kindheit und Jugend

Als erster oder zweiter Sohn der Eisenacher Bürgerstochter Margarete, geb. Lindemann (gest. 30. Juni 1531), und des thüringischen Bauernsohnes Hans Luder (gest. 29. Mai 1530) wurde Martin am 10. November 1483 in Eisleben (Grafschaft Mansfeld) geboren und am folgenden Tag auf den Namen des Tagesheiligen getauft. In den Jahren von Luthers Kindheit gelang dem Vater die berufliche Etablierung in einer der Wachstumsbranchen der Zeit, dem Kupferbergbau: 1484 siedelte die Familie in die Stadt Mansfeld über, in der sich Hans Luder vom einfachen Häuer zum Teilhaber an mehreren Bergwerksgenossenschaften und zum Hüttenmeister emporarbeitete. Der relative Wohlstand, den der Vater erwarb, bildete die Basis für die sorgfältige Schulbildung, die er seinem Sohn Martin zuteil werden ließ, aber auch für die Karrierevorstellungen, die er damit verband. Obwohl Luthers häusliche und schulische Erziehung zeitgenössischen Konventionen entsprach und insofern «normal» verlief, erinnerte er sich später an als ungerecht empfundene Härten, die er bei der Erziehung seiner eigenen Kinder zu vermeiden bestrebt war. Die rasch wachsende Familie – Luther scheint acht Geschwister gehabt zu haben, von denen wohl nur vier, sein ihm besonders nahestehender Bruder Jakob und drei Schwestern, das Erwachsenenalter erreichten – nötigte dem um ihre wirtschaftliche und soziale Etablierung ringenden Elternpaar ein Maß an Selbstdisziplin, an Sparsamkeit und an Strenge gegenüber den Kindern ab, das dem sensiblen, wohl gar ängstlichen Martin kaum Erfahrungen elterlicher Geborgenheit zuteil werden ließ.

Die Luther vermittelten religiösen Prägungen bewegten sich in den Bahnen zeittypischer kleinstädtischer Kirchlichkeit: eine Verehrung der Heiligen in ihrer schillernden Vielfalt, besonders aber Marias und ihrer Mutter, der heiligen Anna, und der im stadtbürgerlichen Kontext geschätzten ‹Heiligen Familie›; Wallfahrten; Ablass- und Stiftungsfrömmigkeit; die Messe, die den sakramental vergegenwärtigten Opfertod des Erlösers für einzelne Stifter oder sich in Bruderschaften assoziierende Frömmigkeitskollektive heilswirksam werden ließ, und vieles andere mehr. Auch die für Luthers Mutter bezeugte Hexenfurcht fällt nicht aus dem Rahmen des Üblichen. Das später von Luthers Vater im Kontext des von ihm nicht akzeptierten Klostereintritts seines Sohnes angeführte Gehorsamsgebot gegenüber den Eltern weist darauf hin, dass das Verhältnis von Eltern und Kindern in der Familie Luthers im Sinne letzter religiöser Verbindlichkeiten bestimmt war.

Wohl zwischen 1490 und 1497 besuchte Luther die Mansfelder Stadtschule; danach war er ein Jahr lang Schüler in Magdeburg, wahrscheinlich an der Domschule, gemeinsam mit einem anderen Mansfelder Bürgersohn, Hans Reineck, der später in seiner Heimatstadt Hüttenmeister wurde und zu dem Martin weiterhin Kontakt hielt. Einige in der Magdeburger Zeit be-

gründete Bekanntschaften, insbesondere die zu dem späteren
Bürgermeister der Elbmetropole Claus Storm, sollten dann für
die reformatorische Entwicklung in der größten Stadt Nord-
und Mitteldeutschlands wichtig werden. Der Wechsel an die
Pfarrschule St. Georg in Eisenach im Frühjahr 1498 hat Luther
im Ganzen erfreulichere Schulerfahrungen eröffnet. Von dem
Rektor der Schule berichtete er später, dass dieser beim Eintritt
in die Klasse das Barett vom Kopf nahm, um seinen Respekt vor
den Schülern zu bekunden, unter denen künftige Bürgermeister,
Kanzler oder Doktoren sitzen mochten (WABr 1; 13f). In Eisenach lebte Verwandtschaft mütterlicherseits, in deren Familientradition gelehrte Bildung fest verankert war. Im Haus des
mit der Familie befreundeten Hans Schalbe, eines späteren Bür-
germeisters von Eisenach, fand er Aufnahme. Eines in enger
Verbindung zwischen den Eisenacher Bürgerfamilien Schalbe
und Cotta und den ortsansässigen Franziskanern bestehenden
frommen «Collegiums» erinnerte sich Luther später in Dank-
barkeit. In dem Vikar am Marienstift in Eisenach Johannes
Braun, einem zu Luthers Schulzeit wohl im fünften Lebensjahr-
zehnt stehenden Priester, fand Martin einen väterlichen Freund,
zu dem der Kontakt auch von Erfurt und Wittenberg aus nicht
abriss. Er ist der erste Kirchenmann in Luthers Leben, von dem
wir wissen, dass er einen tiefen und bleibenden Eindruck auf
ihn machte.

Am Ende seiner Schulzeit dürfte Luther imstande gewesen
sein, Latein zu lesen, zu schreiben und zu sprechen, mit Grund-
zügen der Rhetorik in Form der *ars epistolandi*, der Briefkunst,
vertraut gewesen sein und elementare, üblicherweise im Rahmen der Mathematik vermittelte musiktheoretische Kenntnisse
besessen haben. Angesichts der regelmäßigen Mitwirkung der
Lateinschüler an der Gestaltung des Gottesdienstes sind außerdem gesangliche Fertigkeiten und liturgische Kenntnisse vor-
auszusetzen. Die günstige Entwicklung, die Luther als Student
der *artes liberales*, des philosophischen Basisstudiums in Erfurt,
nahm, deutet darauf hin, dass er sich unter den förderlichen Bedingungen des Eisenacher Milieus zu einem guten Schüler entwickelt hatte.

3. Der Student

Die Entscheidung für ein Studium in Erfurt, das Luther im Frühjahr 1501 aufnahm, dürfte vor allem von seinem Eisenacher Kontext her nahe gelegen haben und fügte sich in die Lindemannsche Familientradition seiner Mutter ein. Das artistische oder philosophische Grundstudium der sieben freien Künste bildete die Voraussetzung für das Studium an den drei höheren Fakultäten, der Theologie, der Jurisprudenz und der Medizin. Die Mehrzahl der mittelalterlichen Studenten verließ die Universität nach dem Besuch der philosophischen Fakultät. Gemäß der in Erfurt geltenden Studienordnung standen bis zum Bakkalaureatsexamen, das frühestens nach drei Semestern abgelegt werden konnte, Grammatik, Logik und Naturphilosophie, jeweils orientiert an den einschlägigen Werken des Aristoteles, auf dem Studienplan. Der Magistergrad konnte frühestens nach vier Studienjahren erworben werden, die Mathematik, Arithmetik, Astronomie, Metaphysik und Moralphilosophie unter Einschluss der Politik, der Ökonomik und der Individual- beziehungsweise Sozialethik zum Inhalt hatten. Das philosophische Studium erschloss einen kirchlich integrierten Wissenskosmos, vermittelte das logische Fachvokabular und übte so grundlegende Techniken der schlüssigen Argumentation und der überzeugenden Disputation ein, Fertigkeiten, die Luther – ungeachtet seiner späteren negativen Urteile über die zeitgenössische Universität und ihren Leitstern Aristoteles – in allen Lebensphasen nützlich sein sollten.

In der artistischen Fakultät der Universität Erfurt dominierte die von dem scholastischen Lehrer Wilhelm von Ockham begründete philosophische Schulrichtung des Nominalismus beziehungsweise Terminismus, die in der zeitgenössischen Terminologie auch als *via moderna* bezeichnet wurde. Luthers Prägung in der nominalistischen Reflektionskultur, insbesondere in der Logik, dürfte eine für seine gesamte geistige Entwicklung zentrale Bedeutung zukommen. Im Unterschied zur vor allem an Thomas von Aquin orientierten *via antiqua*, die von der universalen Realität von Allgemeinbegriffen (Universalien) ausging und die Wirklichkeit konkreter Einzeldinge aus den Universalien ableitete, setzte die *via moderna* bei der Wirklichkeit des Einzeldings an. Ihm komme Realität zu, während die Universalien nicht außerhalb des menschlichen Geistes existierten, sondern allein aufgrund bestimmter Übereinkünfte als Begriffe (*nomen*, *terminus*) für Individuen mit bestimmten gemeinsamen Eigenschaften gesetzt worden seien. Der antispekulative, erfahrungsbezogene Impetus des Nominalismus, der Luther in der Erfurter Artistenfakultät unter anderem in den weithin geachteten Professoren Jodocus Trutfetter (gest. 1519) und Bartholomäus Arnoldi von Usingen (gest. 1532) begegnete, schärfte im sprachlichen Bereich das Bewusstsein für die konkrete Bedeutung eines Wortes in seinem Kontext. Dies begünstigte Tendenzen, wie sie in zeitgenössischen Bemühungen einzelner Humanisten um ein eleganteres Latein eben zur Studienzeit Luthers auch an der thüringischen Universität wirksam zu werden begannen. Einen gegenüber der Scholastik kritischen oder gar feindlichen Humanismus, wie ihn später Luthers Studienfreund Crotus Rubeanus ausbilden sollte, gab es zu Luthers Erfurter Studienzeit noch nicht. Die frühhumanistischen Prägungen Luthers gingen über die Kenntnis einzelner antiker und zeitgenössischer lateinischer Dichter (z.B. Baptista Mantuanus) und eine Sensibilisierung für den sprachlichen Ausdruck im Lateinischen kaum wesentlich hinaus.

Der studentische Alltag, auch der Luthers, war wesentlich durch die klosterähnliche Lebensordnung der Wohn- und Studienunterkünfte, der Bursen, geprägt: Obligatorischer Gehorsam gegenüber dem Bursenrektor, einem Magister der philosophischen Fakultät, Arbeitsdisziplin, Kleidervorschriften, die Verpflichtung zum lateinischen Gespräch, gemeinsame Schlafsäle und Arbeitsräume, Reglementierung des Alkoholkonsums und Kontaktverbote zum weiblichen Geschlecht bestimmten ihn. In lebenspraktischer Hinsicht war der Weg von der Burse ins Kloster nicht sehr weit.

Luther absolvierte sein Philosophiestudium zügig und – wie es scheint – mit wachsendem Erfolg. Im Herbst 1502 schloss er das Bakkalaureatsexamen als dreißigster von 57, im Januar 1505 das Magisterexamen als zweiter von 17 Kandidaten ab.

Der Erfolg des Magisters Martin, den sein Vater nun respektvoll mit «Ihr» anredete (WA 49; 322,12f), schien die erheblichen Investitionen in seine Ausbildung zu rechtfertigen. Nichts deutet darauf hin, dass der Student Martinus nicht auch jener «hurtige, fröhliche, junge Geselle», der die Geselligkeit liebte und sich auf das Lautenspiel verstand, gewesen ist, als den ihn Crotus Rubeanus rückblickend geschildert hat. Dass ihn jedoch auch damals schon, vor seinem Klostereintritt, Anfechtungen und religiöse Selbstzweifel begleiteten, dürfte sicher sein. Einen Blick in sein Herz, den er schon seinen Zeitgenossen nicht gestattete, vermag allerdings auch der Historiker nicht zu tun. Das Jurastudium, das er neben der verpflichtenden Lehrtätigkeit als philosophischer Magister im Sommersemester 1505 aufnahm, entsprach einem langfristig projektierten Karriereplan, den die Eltern für ihren Sohn gefasst hatten.

4. Luthers Konversion zum Mönchtum

Die Motive für Luthers Klostereintritt sind naturgemäß schwer rekonstruierbar. Ein äußerer Anlass, der Blitzeinschlag vom 2. Juli 1505 bei dem Dorf Stotternheim, sechs Kilometer vor Erfurt, wohin Luther nach einem Zwischenbesuch bei seinen Eltern in Mansfeld zurückkehrte, versetzte ihn in Todesangst und veranlasste ihn wahrscheinlich zu einem Gelübde: «Hilff du, S. Anna, ich will ein monch werden.» (WATr 4; 440,9f) Die inneren Gründe, die ihn dieses Gelübde abzulegen und trotz relativierender Stimmen aus seinem Bekanntenkreis einzulösen drängten, wurzelten zum einen in seiner Frömmigkeit, zum anderen wohl in einer krisenhaft zugespitzten Entscheidungsnot hinsichtlich seiner beruflichen und persönlichen Zukunft. Nichts deutet darauf hin, dass das Jurastudium einem eigenen Lebensentwurf des 21-Jährigen entsprochen hätte. Eine vom Vater geplante reiche Heirat, die möglicherweise den Grund für die ungewöhnliche Heimreise im laufenden Semester gebildet hatte (WA 8; 573,24), scheint Luther als bedrückende Perspektive erschienen zu sein; die im Jahre 1505 in Erfurt wütende Pest mochte ihn in besonderer Weise mit Sinn- und Heilsfragen

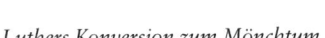

konfrontiert haben. Die Erfahrung der in einem überwältigenden Naturereignis begegnenden transzendenten göttlichen Macht führte Luther die Schutzlosigkeit seines eigenen Lebens vor Augen und bekehrte ihn, ähnlich wie die Paulus vor Damaskus widerfahrende Begebenheit (Apg 9,3; 22,6; 26,13), durch Furcht und Schrecken. Dass ihn der Vernichtungsschlag des göttlichen Herrn über Leben und Tod nicht getroffen hatte, mochte der fürbittenden Interzession der angerufenen heiligen Anna, der Mutter Marias, zu danken sein. Das Gelübde aber war gegenüber dem strafenden Gott, der in Luthers Leben machtvoll und demonstrativ eingegriffen hatte, einzulösen. Die Begegnung mit dem Alleszerschmetterer, der nach seinem Leben gegriffen hatte, ließ ihm die Hingabe seines eigenen Lebens als angemessenen Tribut erscheinen. Dieses Selbstopfer aber bedeutete unter den religionskulturellen Bedingungen der Zeit, Mönch zu werden.

Weder die innere Disposition des krisenerschütterten Adoleszenten noch das Erlebnis von Stotternheim allein, sondern der Zusammenklang von Äußerem und Innerem, der lebensbedrohlichen Ohnmachtserfahrung und ihrer religiösen Deutung, führte zu einer biographischen Wende. Die Tatsache, dass Luther sich in Erfurt mit Freunden besprach und gegen ihre Einreden an der Verbindlichkeit des Gelübdes festhielt, die erwartbare tiefe Verstimmung des Vaters in Kauf nahm, zwei Wochen später seinen förmlichen Abschied von der Welt feierte und unter dem Geleit der Freunde am Morgen des 17. Juli 1505 mit den feierlichen Worten «Heute sehet ihr mich und nimmermehr!» (WATr 4; 440,14f; 460,6ff) hinter den Mauern des Erfurter Augustinerklosters verschwand, deutet darauf hin, dass er in dieser wohl ersten eigenständigen Entscheidung seines ‹Lebensausstiegs› einen Strich unter seine bisherige Existenz zog, der dem Vernichtungsurteil des in Blitz und Donner hereinbrechenden Allmächtigen entsprach. Luther trug seine Verzweiflung über sein bisheriges und die Hoffnung auf ein neues Leben an die Kirche heran und in die Kirche hinein.

5. Der Ordensmann und Professor

Luthers Eintritt in den strengen Bettelorden der Augustinereremiten lässt sich mit dem guten Ruf, den dieser in Erfurt besaß, oder mit der hier gepflegten akademischen Ausbildungs-
form, die seinem bisherigen Bildungsgang weitgehend entsprach, erklären. Dass Luther mit der Wirksamkeit des Ordens
in der Universität und in der Stadt, etwa durch Predigten, bereits
zuvor bekannt geworden war, ist wahrscheinlich. Nach einjähri-
gem Noviziat, in dem er sich die statutarischen Ordnungen des
Klosterlebens anzueignen und in den liturgischen und spirituel-
len Alltag des Konvents einzuleben hatte, legte er das feierliche
Mönchsgelübde, die Profess, ab, das ihn zu lebenslangem Gehorsam, Armut und Keuschheit verpflichtete. Die aus eigenem
Antrieb erfolgende intensive Beschäftigung mit der Bibel, die in
der Zeit seines Noviziats begann und die fortan sein Leben begleiten sollte, ging über den Rahmen der auf Beichte, Selbst-
erforschung und religiöse Praxisvollzüge zentrierten Anforde-
rungen monastischen Lebens deutlich hinaus. Nach der Profess
wurde Luther vom Prior des Erfurter Klosters angewiesen, sich
auf die Priesterweihe vorzubereiten. In diesem Zusammenhang
vertiefte er sich in die Auslegung des Messkanons aus der Feder
des Spätscholastikers Gabriel Biel (gest. 1495) und in die Beicht-
summe des Angelus de Clavasio (gest. 1495), die er anderthalb
Jahrzehnte später zusammen mit dem kanonischen Recht und
der Bannandrohungsbulle den Flammen überantworten sollte.
Nach der Priesterweihe feierte Luther am 2. Mai 1507 in Gegenwart seines Vaters, der mit großem Gefolge angereist war und
dem Kloster 20 Gulden schenkte, seine erste Messe, die Primiz.

Luthers frühe Klosterzeit scheint von einer fundamentalen
Spannung zwischen dem Zutrauen, mit dem seine Ordensobe-
ren seine monastische Entwicklung begleiteten, und dem tiefen
Ungenügen, das der sich unablässig selbst prüfende Priester-
mönch empfand, bestimmt gewesen zu sein. Die Anfechtungen,
die er seiner tiefen geistlichen Mängel wegen erlitt und die ihn
immer wieder über die gebotene Häufigkeit hinaus die Hilfe des
Beichtsakraments suchen ließen, waren ein Ferment religiöser

Unruhe und ein Anlass theologischen Fragens nach dem Grund letzter Gottes- und Gnadengewissheit. Der Ernst des monastischen Lebens, das in allen seinen Vollzügen immerwährende Buße war, bildet den Hintergrund und den Nährboden für Luthers Fragen nach Gott, auf die er immer wieder in der Bibel Antworten suchte und fand.

Im Jahr seiner Priesterweihe begann Luther auf Geheiß seiner Ordensvorgesetzten mit dem Studium der Theologie an der Universität Erfurt. Die einzelnen Graduierungsstufen auf dem Weg zum theologischen Doktorat – vom *baccalaureus biblicus* (Wittenberg, Frühjahr 1509), der je ein biblisches Buch des Alten und des Neuen Testaments kursorisch zu erläutern hatte, über den Grad des *baccalaureus sententiarius* (vor Frühjahr 1510), der den Stoff des Sentenzenwerkes des Petrus Lombardus (gest. 1160), des wichtigsten mittelalterlichen Lehrbuchs der Dogmatik, zunächst in Bezug auf die beiden ersten, sodann in Bezug auf das dritte Buch zu behandeln hatte – beschritt Luther zügig, schloss allerdings aufgrund seines endgültigen Wechsels nach Wittenberg (Sommer 1511) die Auslegung nicht ab. Zwischen Herbst 1508 und Herbst 1509 unterrichtete er im Auftrag des Ordensvikars Staupitz an der artistischen Fakultät in Wittenberg Moralphilosophie und setzte nebenher sein Theologiestudium fort. Neben der scholastischen Theologie, die Luther vor allem in Gestalt der ockhamistischen Tradition kennenlernte, wirkten mystische Frömmigkeitstexte, vermittelt durch die Lektüre Johannes Gersons, Bernhards von Clairvaux und Bonaventuras, auf ihn ein. Von dem von ihm 1516 in einer Teil-, 1518 in einer vollständigen Ausgabe erstmals publizierten mystischen Traktat der *Theologia deutsch* bekannte er, «nebst der Biblien und S. Augustino […] mehr erlernet» zu haben, «was got, Christus, mensch und alle ding seyn» (WA 1; 378,21–23), als aus allen anderen Büchern. Bereits für die Zeit seiner Lehrtätigkeit als Sententiar (Erfurt, wohl Frühjahr 1510 bis Sommer 1511) kann ein besonderer Einfluss Augustins (Randglossen AWA 9; 153–249), der auch in seiner Kommentierung des Petrus Lombardus wirksam geworden ist (AWA 9; 251–560), festgestellt werden.

Die Romreise, die Luther gemeinsam mit einem Ordensbruder im Herbst 1511 von Wittenberg aus auf Weisung von Staupitz unternahm, war einer ordenspolitischen Frage gewidmet: Johannes von Staupitz, Generalvikar der mittel- und norddeutschen observanten Kongregation der Augustinereremiten und seit 1502 Bibelprofessor in Wittenberg, betrieb einen Zusammenschluss der observanten und der nicht-observanten Klöster. Einige der observanten Konvente, zu denen auch Luthers ehemaliges Erfurter Kloster gehörte, fürchteten, dass durch einen solchen Zusammenschluss die Strenge der klösterlichen Disziplin leiden könnte. Luthers Aufgabe bestand wohl darin, zum Protest der observanten Klöster beim Ordensgeneral in Rom Stellung zu nehmen beziehungsweise dessen Unterstützung für den Kurs von Staupitz zu erreichen. Die wochenlange Fußreise in winterlicher Kälte hatte auch den Charakter einer Wallfahrt. Den vierwöchigen Aufenthalt in der heiligsten Stadt der abendländischen Christenheit nutzte Luther nebenbei, um durch Beichte, Wallfahrten zu Märtyrergräbern, Fasten und eigene Messzelebration zahlreicher Gnaden für sich selbst und seine verstorbenen Familienangehörigen teilhaftig zu werden. Mancherlei befremdliche Missstände, insbesondere das mechanisch-andachtslose Lesen der Messe durch italienische Priester und die Prunkentfaltung hoher kirchlicher Würdenträger, verstörten den ernsthaften deutschen Bettelmönch. Auch wenn die römischen Erfahrungen kaum ursächlich auf Luthers weitere Entwicklung im Sinne einer Distanzierung von der Papstkirche einwirkten, so lieferten sie ihm nach seinem theologischen Bruch mit der Kirche Roms doch probate Motive, um die abgrundtiefe Verkommenheit des Papsttums zu illustrieren. In der ordenspolitischen Angelegenheit erreichten die beiden Mönche aus der sächsischen Ordensprovinz wohl nichts; Luthers Verhältnis zu Johannes von Staupitz, dem er seit seinem ersten Wittenberger Jahr 1508/09 geistlich und theologisch näher getreten war, bildete die Basis seiner weiteren Entwicklung.

In Bezug auf die Ausbildung von Luthers theologischem Charakter scheint Staupitz nach den Selbstzeugnissen des späteren Reformators eine Schlüsselrolle gespielt zu haben: Insbesondere

Luthers existentieller Furcht vor dem strafenden Gott wirkte er durch die tief in der monastischen Spiritualität verankerte Vorstellung entgegen, dass Gott in seiner Gerechtigkeit die Sünde am Menschen strafe, um die Person des Sünders zu retten. Dabei verwies Staupitz seinen Zögling auf den leidenden Christus, in dessen Verwerfung die göttliche Erwählung erkennbar werde. Luthers endgültiger Wechsel in den Wittenberger Ordenskonvent im Sommer 1511 dürfte wesentlich der Loyalität gegenüber Staupitz zuzuschreiben gewesen sein, der in dem ernsten, mit herausragenden Bibelkenntnissen ausgestatteten Bruder einen geeigneten Nachfolger für die theologische Professur sah, die er selbst seit Gründung der Universität für die Augustinereremiten innegehabt hatte. Mit dem Erwerb des theologischen Doktorgrades am 18./19. Oktober 1512 wurde Luther die in *lectio*, *disputatio* und *praedicatio* wahrzunehmende Berechtigung zu selbständiger theologischer Lehre übertragen.

Luther hatte einen regulären theologischen Lehrstuhl inne, den er in Abweichung von den Usancen des zeitgenössischen Lehrbetriebs ausschließlich zur Abhaltung biblischer Vorlesungen nutzte. Während der 33 Jahre, die er diese Professur versah, hat er nur etwa viereinhalb Jahre über neutestamentliche Schriften, und zwar ausschließlich Briefe, gelesen, ansonsten durchweg alttestamentliche Bücher behandelt. Darin, dass Luther seit Übernahme seines Wittenberger Lehramtes niemals die Sentenzen des Petrus Lombardus traktierte, spiegelte sich die schon in die Zeiten seines Erfurter Theologiestudiums zurückreichende Hochschätzung der Bibel gegenüber der maßgeblichen dogmatischen Lehrsumme. An dem Disputationsbetrieb, der auf unterschiedlichste Gegenstände gerichtet war, beteiligte sich Luther in der üblichen Form. Auch die freiwillige Übernahme einer regelmäßigen Predigtverpflichtung an der städtischen Pfarrkirche St. Marien im Auftrag des Wittenberger Rates, die er neben seinem Predigtauftrag im Augustinerkloster wahrnahm, reicht bis in die Anfänge seiner Wittenberger Lehrtätigkeit, wahrscheinlich in die Jahre 1513 oder 1514, zurück. Katheder und Kanzel bildeten fortan die institutionelle Basis für

Luthers Tätigkeit und für das öffentliche Wirksamwerden seiner theologischen Einsichten.

Auf dem Generalkapitel des Augustinereremitenordens wurde Luther 1515 das ordens- und kirchenpolitisch wichtige Amt eines Provinzvikars übertragen. Er hatte die Aufsicht über elf Augustinerkonvente in Thüringen und Meißen zu führen und war fast so etwas wie «der zweite Mann» des Ordens in Deutschland – hinter dem Generalvikar Staupitz – geworden. Bei manchen der seelsorgerlichen, disziplinarischen und personalpolitischen Aufgaben, die er später beim Aufbau eines evangelischen Kirchenwesens bewältigen musste, konnte er auf Erfahrungen zurückgreifen, die er in seinem monastischen Leitungsamt gesammelt hatte.

6. Der Exeget der Gerechtigkeit Gottes

Die Entwicklung von Luthers Theologie vollzog sich zunächst und vor allem im Modus der Schriftauslegungen, die er als Prediger und Professor *ex officio* betrieb. Nacheinander behandelte Luther in seinen frühen Vorlesungen die Psalmen (*Dictata super Psalterium*, wohl 1513/14), den Römerbrief (wohl 1515/16), den Galaterbrief (Oktober 1516 bis März 1517), den Hebräerbrief (1517/18) und abermals die Psalmen (1518/21, *Operationes in Psalmos*). Die intensive Benutzung bibelphilologischer Hilfsmittel der Humanisten, etwa Reuchlins Lehrbuch und Lexikon der hebräischen Sprache, Faber Stapulensis' fünffältigen Psaltertext mit Kommentar, Erasmus' Ausgabe des griechischen Neuen Testaments oder Lorenzo Vallas *Annotationes*, die sich in Luthers Vorlesungen neben den Kirchenväter-Kommentaren und den Auslegungen mittelalterlicher Exegeten nachweisen lassen, zeugt davon, dass sich der Wittenberger Theologieprofessor auf der wissenschaftlichen Höhe seiner Zeit zu bewegen versuchte. Die theologisch reichhaltigen, in der Forschung intensiv und kontrovers behandelten Vorlesungen Luthers gelten als entscheidender Schlüssel für die Frage nach Inhalt und Zeitpunkt einer sogenannten «reformatorischen Entdeckung» oder «Wende». Die Forschungsdiskussion, die zu keinen eindeutigen Ergebnissen geführt hat, war weitgehend von dem Bemühen geprägt, Hinweise, die Luther in späteren Rückblicken über seine Entwicklung gegeben hat, anhand der Vorlesungen nachzuvollziehen. Einige dieser retrospektiven Selbstdeutungen Luthers, insbesondere die Vorrede zum ersten Band der Gesamtausgabe seiner lateinischen Schriften (5. März 1545; WA 54; 179–187), die in Bezug auf chronologische Details unpräzise oder uneindeutig sind und in dem je spezifischen zeithistorischen Kontext, in dem sie getätigt wurden, interpretiert werden müssen, schildern ein persönliches Erkenntniserlebnis im Zusammenhang mit der Auslegung des Begriffs der Gerechtigkeit Gottes (*iustitia Dei*) in Röm 1,17. Luther verstand die Gerechtigkeit Gottes dieser stilisierenden Darstellung nach zunächst im Sinne der philosophischen Tradition, d. h. als zumessende, Lohn und Strafe zuweisende, aktive Gerechtigkeit (*iustitia distributiva*). Gott sei – vor allem im Jüngsten Gericht – gerecht, indem er die seinem Wesen entsprechende Gerechtigkeit exekutiere. Für den Ungerechten, den Sünder, kann diese nur zur Strafe der ewigen Verdammnis führen. Deshalb hasste Luther das Wort Gerechtigkeit. Im Nachsinnen über den sprachlichen Zusammenhang des Verses Röm 1,17 ging ihm dann ein neuer Sinn der Gerechtigkeit Gottes auf: von der Wendung «der Gerechte lebt aus Glauben» (*iustus ex fide vivit*; Röm 1,17b; Hab 2,4) her lernte er sie als Geschenk Gottes zu verstehen, durch das Gott kraft des Glaubens auf wirksame, effektive Weise gerecht *macht* und ewiges Leben *schenkt*. Durch die Lektüre von Augustins Schrift «Über den Geist und den Buchstaben» (*De spiritu et litera*), die sein Kollege Karlstadt in einer Vorlesung ausführlich kommentierte, fand Luther sein neues Verständnis entsprechender Redewendungen in der Bibel, die von Gottes Gerechtigkeit, Gottes Kraft, Gottes Weisheit usw. sprachen, bestätigt: Die Gerechtigkeit ist die im Glauben mitgeteilte Wirkkraft Gottes, durch die er den in sich ungerechten Menschen, den Sünder, gerecht macht.

Weder an der Eindrücklichkeit des Erlebnisses noch an der zentralen Bedeutung dieser Einsicht noch daran, dass sie Luther zu einem bestimmten, nicht exakt datierbaren Zeitpunkt aufgegangen ist, muss grundsätzlich gezweifelt werden. Auch dass die-

se Erkenntnis, die den Kern der sogenannten Rechtfertigungslehre Luthers bildet, sukzessive in eine grundlegende theologische Kritik des bestehenden Kirchenwesens und der herrschenden scholastischen Theologie einmünden sollte, dürfte kaum
strittig sein. Deutlich ist allerdings auch, dass die radikalen
Konsequenzen, die sich aus dieser Erkenntnis ergaben, Luther
selbst erst in einem allmählichen Prozess deutlich wurden.
Innerhalb dieser Entwicklung kam der Auseinandersetzung um
Ablass und Buße eine katalysatorische Funktion zu: Erst die
Strittigkeit, in die Luther seit dem Spätjahr 1517 geriet, machte
seine am wichtigsten Kirchenvater des Abendlandes, Augustin,
beglaubigte Entdeckung der Gerechtigkeit aus dem Glauben als
Zentrum des Gottesverhältnisses des Menschen zu einer «reformatorischen», das bestehende Kirchen- und Glaubenssystem
radikal infrage stellenden und schließlich umformenden Erkenntnis.

Aufgrund ihrer Gattungsspezifika geben die Vorlesungen
über diese Entwicklung hin zu Luthers «reformatorischer Theologie» nur bedingt Auskunft. Sie zeigen freilich eine in wachsendem Maße primär am wörtlichen Sinn der Bibel (*sensus literalis*) orientierte, zunächst auf die monastische, dann immer
deutlicher auf die allgemeinchristliche Existenz ausgerichtete
Aneignung des paulinischen Glaubensverständnisses. Für Luthers Schriftauslegung ist charakteristisch, dass er das, was die
Bibel von Christus berichtet, auf den eigenen Glaubensvollzug,
sein eigenes Leben, anwandte. Seine an Paulus gewonnene Gnadentheologie fand Luther vor allem in einigen der erst kürzlich
wieder intensiver bekannt gewordenen Schriften, die Augustin
gegen den Mönchstheologen Pelagius geschrieben hatte, bestätigt. Entgegen dem Vertrauen auf eigene Willenskräfte im Verhältnis zu Gott, das nach Luther für die scholastische Theologie
kennzeichnend gewesen sei, folgte er seit seiner Römerbriefvor-
lesung dem sogenannten antipelagianischen Augustin. Er ver-
trat also eine radikale gnadentheologische Position, die jede
Mitwirkungsmöglichkeit des menschlichen Willens (sog. Pela-
gianismus) bei seinem Heil ausschloss. Diese Gnadentheologie
Luthers besaß allerdings einen gewissen Rückhalt in der Or-

denstradition der Augustinereremiten und war auch in der zeitgenössischen theologischen Diskussion und der von ihm edier-
ten *Theologia deutsch* nicht ganz ohne Analogie. Aber durch
den Nachdruck, mit der sie von Luther als Zentrum der biblischen Botschaft in Anspruch genommen wurde, erhielt sie doch
eine neue Qualität. Indem Luther einzelne Wittenberger Kollegen in der Theologischen Fakultät, etwa Nikolaus von Ams-
dorf, einen seiner lebenslang engsten Vertrauten, oder Andreas
Rudolf Bodenstein, genannt Karlstadt, seit 1522 dann Luthers
schärfster innerreformatorischer Gegner, allmählich für sein
Verständnis des antipelagianischen Augustin gewann, wurde
die «Augustinrenaissance» seit 1516/17 nach und nach zu einer
Art Markenzeichen der noch wenig profilierten Wittenberger
Universität. Denn bereits im Frühjahr 1517 leitete man hier aus
der Orientierung an der Bibel und den Kirchenvätern, besonders Augustin, Konsequenzen für die Gestaltung des Theologiestudiums ab, die vor allem auf eine radikale Abwertung der
scholastischen Theologie und der ihr zugrunde liegenden aristo-
telischen Philosophie hinausliefen. Der Rückhalt, den Luther im
Laufe der ersten Jahreshälfte 1517 in seiner eigenen Fakultät
fand, bildete eine wichtige Voraussetzung für sein Hinaustreten
in die Öffentlichkeit.

Die erste eindeutig von Luther selbst in den Druck gegebene
Thesenreihe, die wir noch heute kennen, lag einer am 4. September 1517 abgehaltenen Disputation zugrunde (*Contra scholasti-
cam theologiam*, WA 1; 224–228) und enthielt einen Fundamen-
talangriff auf die scholastische Theologie. Dies ist zugleich der
erste theologische Programmtext Luthers, von dem bekannt ist,
dass Luther sich selbst um die Verbreitung bemüht hat. Die em-
phatische Aufnahme, die diese Thesen etwa bei dem Nürnber-
ger Juristen Christoph Scheurl fanden – er trug zu ihrer Verbreitung an den Universitäten Ingolstadt, Köln und Heidelberg bei
(WABr 1; 107,22–24) –, bezeugt, dass die ganz auf die rettende
Gnade Gottes setzende und die natürlichen Möglichkeiten des
Menschen in Bezug auf das Gottesverhältnis radikal verneinen-
de Wittenberger Theologie zu überzeugen, ja zu begeistern vermochte.

Wenn man in der kritischen Analyse des Vorfindlichen die Grundlage einer «Reformation» sieht, so hatte sich Luther in den zwölf Jahren seit seinem Klostereintritt eine solche erarbeitet. Er bekleidete eine Schlüsselposition innerhalb der Universität Wittenberg und innerhalb seines Ordens. Als Universitätslehrer und Bettelmönch war er in die Aufgaben und Ämter, die man ihm anvertraut hatte, hineingewachsen und repräsentierte so zwei der geachtetsten kirchlichen und gesellschaftlichen Einrichtungen der Zeit, ein Umstand, der entscheidend dazu beitrug, dass man ihm Gehör schenken sollte. 1517 war Luder bereit, Luther zu werden.

7. Der Prophet und Reformator

Mit dem Spätjahr 1517 tritt Luthers Person nach und nach in kirchen-, territorial- und reichspolitische Dimensionen von europäischer Tragweite ein. Sein Angriff auf das Heilsinstitut zur Vergebung zeitlicher Sündenstrafen, den sogenannten Ablass (s. II,8), entfaltete eine Dynamik, aus der sich die fundamentalsten Veränderungen der abendländischen Kirche seit ihren Anfängen ergeben sollten. Die analogielosen Wirkungen des Mönchs und Theologieprofessors aus Wittenberg lassen sich nur aufgrund des *strukturellen Zusammenwirkens* einiger Faktoren erklären. Keiner dieser Faktoren allein, nur ihre Interaktion macht das «Ereignis» Reformation aus.

1. Luthers Botschaft und sein Verhalten überzeugten viele Menschen. Während die Auseinandersetzung um Luthers «Ketzerei», zum Teil von der Öffentlichkeit noch wenig beachtet, voranschritt, trat er als weithin unpolemischer volkssprachlicher Erbauungsschriftsteller in Erscheinung. Er verstand es, elementare Fragen des christlichen Glaubens – des Verständnisses der Buße, der Taufe, des Abendmahls, des Vaterunsers und der Zehn Gebote, eines christlichen Sterbens, einer christlichen Ehe sowie des Leidens Christi – in einer prägnanten und auf den christlichen Lebensvollzug im Alltag der Welt ausgerichteten Weise darzustellen. Bis zum Ende des Jahres 1519, noch bevor der Ketzerprozess gegen Luther in sein Endstadium getreten

ÆTHERNA IPSE SVAE MENTIS SIMVLACHRA LVTHERVS
EXPRIMIT AT VVLTVS CERA LVCAE OCCIDVOS

M·D·XX·

Martin Luther auf einem Kupferstich von Lucas Cranach d. Ä. aus dem Jahre
1520. Das lateinische Distichon lautet übersetzt: «Die unvergänglichen Bildnisse
seines Geistes bringt Luther selbst hervor, die sterblichen Gesichtszüge aber
die Wachstafel des Lucas.» (Hamburg, Kunsthalle, Kupferstichkabinett)

war, waren von ihm 20 volkssprachliche Texte in über 140 verschiedenen Druckausgaben verbreitet. Neben den lateinischen Texten, in denen Luther vor allem seine Auseinandersetzungen mit den Vertretern der scholastischen Theologie und der römischen Kirche führte – 25 Schriften in über 110 Drucken bis 1519 –, war dies ein gewaltiger publizistischer Ausstoß, der in der bisherigen Druckgeschichte seinesgleichen suchte. Luthers publizistischer Erfolg der Jahre 1518/19 zeigte, mit welcher Konsequenz und mit welchem Geschick der bis dahin literarisch kaum hervorgetretene Mönch das neue Medium des Buchdrucks zu nutzen wusste und dass er den Nerv der Zeit mit dem, was er zu sagen hatte, traf. Die Konzentration der christlichen Botschaft auf die alte Glaubensurkunde, die Bibel, auf Christus, auf den Glauben und die religiöse Lebensbewältigung im Alltag, die Luther literarisch predigte, besaß offenbar eine elektrisierende Plausibilität. Gerade in den Jahren vor dem Ende des Ketzerprozesses schlossen sich dem Wittenberger Mönch und seinem zunächst Seite an Seite mit ihm streitenden Kollegen Karlstadt, dem einflussreichsten Publizisten der frühen Reformation nach Luther, zahlreiche Parteigänger vor allem in den Städten an. Einige von ihnen, gerade die Gebildetsten und durch den Humanismus für Fragen der Kirchenreform und der Bibelauslegung Sensibilisierten, wurden zu wichtigen Multiplikatoren Lutherscher Gedanken und Anliegen und führten sie dann als sogenannte Reformatoren zum Teil höchst eigenständig weiter. Die Gründe, deretwegen Luther viele Menschen überzeugte, sind ebenso vielfältig wie die Formen, in denen dies zum Ausdruck kam.

2. Luther und die von ihm ausgehende reformatorische Bewegung konnten nur deshalb Fuß fassen und sich dauerhaft etablieren, weil die rechtlichen und politischen Verhältnisse im «Heiligen Römischen Reich deutscher Nation» dies zuließen, ja sogar begünstigten und förderten. Das politische System des Alten Reichs basierte auf einer Komplementarität kaiserlich-zentralistischer und ständisch-föderativer Herrschaftselemente. Maßnahmen gegen die Reformation blieben auf die Exekutionsgewalt der städtischen und territorialen Herrschaftsträger an-

gewiesen. Dies betraf insbesondere das von Kaiser Karl V. erlassene Wormser Edikt (26. Mai 1521), das Luther und seine Anhänger mit der Reichsacht belegte, d. h. außerhalb der Rechtsordnung stellte und der folgenlosen Tötung durch jedermann überantwortete, und die Verbreitung evangelischer Schriften verbot. Nicht wenige verweigerten dem Kaiser bei seiner antiprotestantischen Politik die Gefolgschaft, sei es aus religiösen Motiven, sei es aus politischem Selbständigkeitsstreben, sei es aus materiellen Interessen – dem Zugriff auf das Kirchengut – oder einem unentwirrbaren, zeitaltertypischen Geflecht dieser Motive. Militärisch-politische Inanspruchnahmen des Kaisers, besonders der Konflikt mit Frankreich und die Bedrohung durch das Osmanische Reich, nötigten ihn immer wieder zu temporären politischen Kompromissen mit den Parteigängern der Ketzerei unter den Reichsständen, verhinderten die Exekution des Wormser Edikts und ermöglichten die Durchführung reformatorischer Maßnahmen auf städtischer und territorialer Ebene. Erst 1546, im Todesjahr Luthers, hatte der Kaiser die Hand frei, um einen militärischen Vernichtungsschlag gegen den Protestantismus zu führen, scheiterte aber am Ende abermals am Widerstand der Reichsfürsten, die in einem kaiserlichen Dominat die schlimmste Gefahr «teutscher Libertet» sahen. In der Ausbreitungs- und Etablierungsphase der reformatorischen Bewegung in den frühen 1520er Jahren wirkten mancherlei Affinitäten zwischen rechtlichen, sozialen und politischen Mentalitäten in den Städten und den kommunalistischen Vorstellungen Luthers und seiner Anhänger fördernd auf den Prozess der Reformation ein; sie trugen dazu bei, dass die Reformation zu einer politischen Realität wurde, die von den Städten auf die Territorien ausstrahlte.

3. Das bestehende Kirchentum, das durch Luther von innen her, von der Bibel, Christus, dem Glauben, in einen Strudel schonungsloser Kritik gezogen wurde, geriet in eine fundamentale Plausibilitätskrise. Die Durchschlagskraft der Reformation lässt sich kaum aus einer offenkundigen inneren Krise der spätmittelalterlichen Kirche selbst ableiten. Die Reichhaltigkeit der frommen Stiftungen, das florierende Bruderschaftswesen, die

phantastische Wirkungen zeitigenden Wallfahrten, die Erfolge der Ablasskampagnen, die Fülle der Kirchenbauten, Ordensniederlassungen, Kapellen usw., die das Bild der kirchlichen Frömmigkeit gerade in Deutschland um 1500 bestimmten, lassen von krisenhaften Erscheinungen eines Desinteresses an der Kirche nichts erkennen. Allerdings ist zugleich unübersehbar, dass die schillernde Buntheit spätmittelalterlicher Kirchenfrömmigkeit in Deutschland mit einer Stimmung kritischer oder gleichgültiger Distanz zur römischen Kurie einherging, die in allen geistlichen und weltlichen Ständen der Gesellschaft gleichermaßen präsent war. In den «Gravamina der deutschen Nation» artikulierten die Reichsstände regelmäßig ihre Proteste gegen eine kirchenrechtliche Gängelung und finanzielle Aussaugung durch den Papst. Diese vielfach realer Grundlagen entbehrenden Anklagen, die Luther in sein rhetorisches Kampfarsenal aufnahm und die er ebenso wie wohl die meisten deutschen Zeitgenossen auch für berechtigt hielt, sagen weniger über die Realitäten als über die Gesinnungen aus: Rom war fern, galt als ungeistlich, sittlich verwildert, die Kurie als Umschlagplatz des Pfründenschachers, der Papst kaum als geistlicher Bezugspunkt der Frömmigkeit. Man lebte in dem Bewusstsein, vom Papst betrogen zu werden und sich gleichwohl mit Rom arrangieren zu müssen; man verehrte es nicht. Die Inflationierung der Heilsangebote durch die großen Ablasskampagnen (s. S. 47 f), zu der es im Vorfeld der Reformation besonders in Deutschland kam, hatte keineswegs nur Freude über die Präsenz des päpstlichen Heilsangebots ausgelöst, sondern im Gegenteil bereits vor Luthers Auftreten mancherlei Skepsis gegenüber deren geistlichem Ernst genährt. Und die von dem Medici-Papst Leo X. geführte Kurie, der deutschlandpolitische Strategien fehlten, sah in der Luthersache primär eine politische Herausforderung, war vor allem auf die Abwehr habsburgischer Interventionen in Italien fixiert, verzichtete darauf, die geistlichen Reichsfürsten politisch einzubinden und begünstigte mit all dem antirömische Ressentiments, die Luther und die Seinen mit agitatorisch durchschlagendem Erfolg zu nutzen verstanden.

4. Luthers im strikten Sinne «reformatorische», d. h. den Prozess kirchlicher Umgestaltung initiierende und dynamisierende «Entdeckung» war in gewissem Sinne in einzelnen mittelalterlichen Traditionssträngen wie den franziskanischen Spiritualen oder den lollardischen oder hussitischen Ketzern mannigfach vorbereitet und fiel in das Jahr, in dem das Ketzcrurteil über ihn erging: 1520. Sie bestand in der Gewissheit, dass der Papst – nicht als Person, sondern als Institution – der Antichrist sei. Luthers Antichristologie, der wie allem, was er schrieb, rasante Aufmerksamkeit zuteil wurde, ist ein integrales ideenpolitisches Moment der frühreformatorischen als einer apokalyptischen Bewegung geworden. Von der reformatorischen Entdeckung des Antichristen her war klar, dass die Geschichte unaufhaltsam auf ihr Ende zulief und die Jetztzeit letzte Zeit war. Angesichts des nahen Endes galt es, widergöttliche Unordnung auszumerzen, eine Gottes Willen entsprechende Ordnung wiederherzustellen und Buße zu tun. Die apokalyptische Dynamik der frühreformatorischen Bewegung, die von niemandem so sehr gefördert worden ist wie von Luther selbst und der sich zugleich kaum jemand so zu entziehen verstand wie er, trug bis ins Katastrophenjahr des Bauernkrieges (1524/25) wesentlich zur Durchsetzung der Sache Luthers bei. Als jederzeit – etwa im Zusammenhang mit der Türkengefahr – aktualisierbares mentales Hintergrundthema blieb die Apokalyptik in der Reformationszeit präsent. Vor allem also diese Faktoren: Luthers Überzeugungskraft, die politischen Strukturbedingungen in Deutschland, die Entfremdung des Reichs vom Papsttum und der apokalyptische Schwung um 1520 bedingten den einzigartigen Erfolg des Mönchs und Professors aus Wittenberg.

8. Der Weg in die Ketzerei

Der Ablass war ein kirchliches Zusatzangebot, das seit seinem Aufkommen im 11. Jahrhundert eine beträchtliche Perfektionierung erlangt hatte. Während die jedem Gläubigen einmal im Jahr pflichtmäßig auferlegte Beichtbuße von der Sündenstrafe der ewigen Verdammnis befreite, diente der Ablass dazu, die zeit-

lichen Sündenstrafen, die über den Tod hinaus im Fegefeuer ab-
zubüßen waren, um bestimmte Fristen zu verkürzen oder vollständig – so in Form der nur von den Päpsten zu gewährenden
Plenarablässe – abzugelten. In der vervollkommneten Form, in
der die Ablässe die Reformation auslösten, wurden sie auch für
die im Fegefeuer leidenden Verstorbenen gewährt. Der Erlass der
im bisherigen Leben akkumulierten zeitlichen Sündenstrafen
wurde unmittelbar mit dem Erwerb eines Ablassbriefes wirksam. Gegen geringen Aufpreis konnte darüber hinaus ein sogenanntes Confessionale, ein Beichtbrief, erworben werden, der
noch einmal im späteren Leben (*semel in vita*) und in Todesge-
fahr (*in mortis articulo*) zum Empfang der Absolution und zum
vollen Erlass der inzwischen angehäuften zeitlichen Sündenstrafen berechtigte. Diese geistliche Rundumversicherung wurde zu
sozial tarifierten Gebühren angeboten; selbst Habenichtse konnten ohne Geldleistungen in ihren Genuss gelangen.

Der für die Finanzierung des Neubaus der Peterskirche aus-
geschriebene Plenarablass, der zum Auslöser des Luther-Kon-
fliktes wurde, war regional auf die Kirchenprovinzen Magdeburg und Mainz begrenzt. Er sollte dem jugendlichen Erzbischof von Mainz und Magdeburg, Albrecht von Brandenburg,
dazu dienen, gewaltige Schulden zu bezahlen, die er hatte machen müssen, um für seine kirchenrechtswidrigen Wahlen zum
Erzbischof zweier Diözesen einen päpstlichen Dispens zu erkau-
fen. Von diesen Hintergründen freilich wusste Luther nichts, als
er den Ablass angriff. Überhaupt interessierte ihn die finanzielle
Seite der Sache weit weniger als manche, die seiner Ablasskritik
beisprangen. In den beiden Sachsen war die Verkündigung des
Petersablasses untersagt, weil Kurfürst Friedrich im ernestinischen und Herzog Georg im albertinischen Sachsen keinerlei
Interesse daran hatten, dass dem brandenburgischen Erzrivalen
Geld aus ihren Ländern zufloss. Friedrich von Sachsen besaß
überdies eine kostbare Reliquiensammlung im Allerheiligenstift
zu Wittenberg, deren Schau mit reichen Ablassgnaden verbunden war und zahlende Pilger anlockte. Die unliebsame Konkurrenz auf dem Heilsmarkt drohte sein eigenes Angebot zu ent-
werten.

Der Anstoß, den Luther am Ablass nahm, kam aus dem Zentrum seines Verständnisses christlicher Existenz im Sinne des Evangeliums als einer immerwährenden Buße vor Gott. Jesu Bußruf (Mt 4,17) beziehe sich nicht, so Luther in der ersten seiner 95 Thesen, auf die sakramentale Buße im Sinne der kirchlichen Lehre, sondern auf das ganze Leben des Glaubenden. Die erste seiner berühmt gewordenen 95 Thesen lautete demnach: «Wenn unser Herr und Lehrer Jesus Christus sagt: ‹Tut Buße usw.›, dann will er, dass das ganze Leben seiner Gläubigen Buße sei.» (*Dominus et magister noster Jesus Christus dicendo Penitentiam agite etc! omnem vitam fidelium penitantiam esse voluit.* WA 1; 233,10f). Der Papst könne nur kirchliche Bußstrafen, die sich auf dieses Leben erstreckten, erlassen, nicht aber über den Tod hinaus ins Fegefeuer hineinwirken. Die Vergebung von Sündenschuld liege allein bei Gott. Die im Glaubensvollzug wirksame Buße befreie von dem Zwang, zeitliche Sündenstrafen durch fromme Kompensationsleistungen abbüßen zu müssen. Denn aus dem Glauben an Gottes Vergebung flössen spontan gottgefällige Werke wie Gebet, Almosen und Fasten. Die monastische Grundregung, dass das ganze Leben Buße sei, wurde von Luther auf die christenmenschliche Existenz als solche ausgeweitet. Zugleich löste er das Bußverständnis von der im Glauben geschenkten Vergebung her aus der für das mittelalterliche Bußwesen grundlegenden Vorstellung, der Mensch könne von sich aus Gott gegenüber Verdienste und Ansprüche erwerben.

Luthers Angriff auf das dem Ablasswesen zugrunde liegende Bußinstitut traf das überkommene Kirchenwesen im Kern. Die Dramatik der folgenden Auseinandersetzungen ergab sich vor allem daraus, dass die von Luther angesprochenen Fragen sowohl die Lehre als auch die Praxis der Kirche unmittelbar berührten. Luther hatte seine grundstürzenden Einwände gegen den Ablass, die er in den 95 Thesen (*Disputatio pro declaratione virtutis indulgentiarum,* 1517; WA 1; 229–238) entfaltete, zunächst einigen ihm nahestehenden Kollegen sowie dem Magdeburger Erzbischof Albrecht von Brandenburg und dem Brandenburger Bischof als den für Wittenberg zuständigen Kirchenoberen mitgeteilt. Vermutlich hat er sie auch der akademischen

Öffentlichkeit Wittenbergs am 31. Oktober 1517, wahrscheinlich durch Anschlag an den als schwarze Bretter der Universität fungierenden Kirchentüren, bekannt gemacht. Im Sommer des Jahres 1518 ließ er eine ausführliche lateinische Erläuterung der Thesen (WA 1; 522–628) und im Frühjahr eine deutsche Schrift, die die zentralen Aussagen seiner Ablasskritik enthielt (*Sermon von Ablaß und Gnade*; WA 1; 239–246), im Druck erscheinen. Bis Jahresende 1519 kamen von dieser kurzen, nur einen Quartbogen umfassenden Schrift insgesamt 22 Druckausgaben heraus. Die publizistische Wirkung dieses volkssprachlichen Sermons überbot die der schwer verständlichen lateinischen Thesen, von denen in Nürnberg auch eine deutsche Ausgabe herausgekommen war, um ein Vielfaches. Fast über Nacht war Luthers Name unter den Gelehrten und Lesekundigen bekannt geworden.

Die ersten literarischen Kontroversen, die sich aus Luthers Ablasskritik ergaben, wurden von dem mit der Durchführung der Ablasskampagnen betrauten Dominikaner Johannes Tetzel und dessen Ordensbruder Konrad Wimpina in Frankfurt an der Oder eröffnet, zogen aber bald weitere Kreise. Neben dem Fortgang der Kontroverspublizistik begann die kirchenrechtliche Überprüfung von Luthers Rechtgläubigkeit, die von Albrecht von Brandenburg durch entsprechende Schreiben an die Universität Mainz, die ein Gutachten erstellen sollte, und an den Papst eingeleitet wurde. Der Abschluss des römischen Prozesses verzögerte sich aufgrund von Rücksichten, die die Kurie wegen der anstehenden Kaiserwahl auf den sächsischen Kurfürsten Friedrich, Luthers Landesherrn, nahm. Rom wollte eine Wahl Karls von Spanien aus dem Hause Habsburg verhindern und setzte dabei auf die sächsische Unterstützung.

Innerhalb der zwei Jahre zwischen der Eröffnung des römischen Prozesses (Mai/Juni 1518) und der Promulgation der Bannandrohungsbulle *Exsurge Domine* (15. Juni 1520) entfaltete Luther eine rastlose Publikationstätigkeit, klärte seine theologischen Positionen gerade in den Auseinandersetzungen, in die er geriet, und festigte den Rückhalt, den er in der kursächsischen Politik seit Frühjahr 1518 besaß. Vor allem drei Kontroversen waren es, die die Präzisierung von Luthers Positionen in Ausweitung der Ablass- und Bußfrage veranlassten: 1. Luthers literarischer Schlagabtausch mit dem römischen Kurientheologen Silvester Mazzolini aus Prierio, genannt Prierias, der in einer im Frühjahr 1518 erschienenen Schrift gegen Luther in der Tradition eines schroffen Papalismus jede vom Papst vertretene Lehre zum unfehlbaren Kriterium der Glaubenswahrheit erklärt hatte, zog die Frage der kirchlichen Lehrautorität, insbesondere die des Papstes, ins Zentrum der Debatte. 2. Luthers Verhör vor dem Kurienkardinal und Legaten Cajetan am Rande des Augsburger Reichstags von 1518. Es war durch Vermittlung des sächsischen Kurfürsten zustande gekommen und sollte, nachdem man Luther nach Rom vorgeladen hatte, dazu dienen, die Angelegenheit im Reich zu halten und einen Widerruf des Wittenbergers zu ermöglichen. Cajetan konfrontierte ihn durch Rückfragen zu seiner siebten Ablassthese beziehungsweise ihrer Erläuterung (WA 1; 233,23f; 539,32–545,8) mit der Notwendigkeit, sein Verständnis der persönlichen Heilsgewissheit des Glaubenden theologisch genauer zu erklären. Cajetan hatte darauf bestanden, dass der Glaubende nur der sakramentalen Heilsvermittlung der Kirche, nicht aber seines individuellen Heils gewiss sein könne. Luther entfaltete demgegenüber die These, dass allein der sich auf das Verheißungswort Christi gründende Rechtfertigungsglaube Heilsgewissheit erlange. Die Relation von Wort und Glaube bildete fortan die präzis ausgearbeitete theologische Deutungsachse, aus der sich für Luther ein grundlegend neues Verständnis der Sakramente und der heilswirksamen Gegenwart Gottes ergab. 3. Die mit einem beträchtlichen publizistischen Vorlauf im Sommer 1519 (27. Juni bis 15. Juli) in Leipzig vor großem Publikum abgehaltene Disputation zwischen dem Ingolstädter Theologieprofessor Johann Eck und den Wittenbergern Luther und Karlstadt veranlasste den Augustinermönch dazu, die Begründung der päpstlichen Primatialgewalt im göttlichen Recht exegetisch und historisch zu bestreiten, eine hierarchische Vorrangstellung der Bischöfe gegenüber den Pfarrern abzulehnen und die unfehlbare Autorität von Konzilien infrage zu stellen. Allein die Bibel habe unfehlbare Geltung; keine kirchliche Autorität könne Vollmacht für Entscheidungen beanspruchen, die nicht in ihr begründet seien. Von Eck in denunziatorischer Absicht zitierte Lehrsätze der auf dem Konzil von Konstanz (1414–1418) verurteilten Theologen John Wyclif und Jan Hus nahm Luther positiv auf; damit schien er der offenkundigen Ketzerei überführt. Fortan wirkte Eck in Rom mit Feuereifer auf Luthers Verurteilung als Ketzer hin. An der kurialen Kommission, die die Verdammungsbulle vorbereitete, war Eck führend beteiligt.

Die Bannandrohungsbulle *Exsurge Domine* führte 41 ketzerische Sätze aus verschiedenen Schriften Luthers an, verwarf diese Sätze als Irrlehre und gebot die Vernichtung der Schriften, die sie enthielten. Luther wurde eine Widerrufsfrist von 60 Tagen nach Bekanntwerden der Bulle eingeräumt; mit ihrer Promulgation im Reich wurden Eck und Hieronymus Aleander als päpstliche Nuntien beauftragt. Doch die Scheiterhaufen, die nun landauf, landab aufgeschichtet wurden, um die Schriften des Ketzers zu verbrennen, wirkten eher als Werbefanal für ihn und erzeugten Solidarisierungen mit Luther und seiner Sache.

Der sächsische Kurfürst, vom Papst gedrängt, Luther zum Widerruf zu zwingen, erreichte gegenüber dem neugewählten Kaiser entgegen der bindenden Wirkung der päpstlichen Jurisdiktionsgewalt, dass Luther auf dem nächsten Reichstag in Worms verhört werden konnte. Die abermalige Verzögerung exekutiver Konsequenzen des theologisch und kirchenrechtlich eindeutigen Ketzerurteils, die die kursächsische Administration mit juristischen und politisch-diplomatischen Mitteln erreicht hatte, bedeutete einen immensen strategischen Positionsgewinn für die Sache Luthers. Denn die drohende, aber sistierte Verketzerung steigerte das schon in den Jahren 1519/20 gewaltig gewachsene Interesse an seiner Person abermals und machte ihn zur charismatischen Führungsgestalt einer Bewegung, die niederzuzwingen fortan unmöglich sein sollte. Als zu Unrecht und unverhört verurteiltem Ketzer, der sich allein an die Heilige Schrift gebunden wusste, wuchsen Luther eine Autorität und eine Wirkungskraft im öffentlichen Meinungsstreit zu, wie sie nie ein Theologe vor ihm besessen hatte. Er verstand es, das

Druckmedium in einem Ausmaß und mit so viel Geschick zu nutzen und das Publikum in seinen Bann zu ziehen, dass er zu einer Schlüsselfigur der Reichspolitik wurde.

Das Jahr 1520 war Luthers «Wunderjahr»; in der Vorahnung des päpstlichen Ketzerurteils, in der Hoffnung, es werde doch nicht ergehen, und in der Gewissheit seiner unbeugsamen Glaubenswahrheit wuchsen Luther Geistes- und literarische Schaffenskräfte zu, die den eigentlichen Höhepunkt seiner gesamten Lebensleistung markieren. In diesem einen Jahr brachte er die Grundfesten der römisch-katholischen Sakramentskirche zum Einsturz und baute theologisch ein evangelisches Tauf-, Buß- und Abendmahlsverständnis auf, gegründet auf Wort, Glauben und äußeres Zeichen (*Sermon vom Neuen Testament; De captivitate Babylonica*, WA 6; 353–378; 497–573). In diesem Jahr skizzierte er die Grundlagen eines deutschen evangelischen gegenüber einem römisch-katholischen Kirchenmodell (*Von dem Papsttum zu Rom*, WA 6; 285–324) und legte Kaiser und Reich die höchst wirksame Agenda für eine Kirchenreform à l'Allemagne vor (*An den christlichen Adel*, WA 6; 404–469). In diesem Jahr predigte er dem in den Stricken seiner römischen Kurtisanen und seines Rechtssystems gefangenen Bischof von Rom und allen Christen die sich in Dienstbarkeit am Nächsten übende wunderbare Freiheit eines Christenmenschen (WA 7; 20–38; lat. 42–73) und formulierte die Grundlagen einer christlichen Ethik auf der Basis des Rechtfertigungsglaubens (*Von den guten Werken*, WA 6; 202–276).

Am 10. Dezember 1520, dem Tag, an dem der Kirchenbann in Kraft trat, beging Luther eine Tat, die in gewissem Sinne aus alledem folgte, die beinahe zwangsläufig war und dem treu sein wollenden Sohn seiner Kirche doch wie eine schwere, ihm von Gott auferlegte Last erschien: mit bebend-zitternder Stimme, fast lautlos, vollstreckte er das Ketzergericht über die der Unwahrheit verfallene Papstkirche. Mit den an Psalm 21,10 angelehnten Worten «Weil du die Wahrheit Gottes verderbt hast, verderbe dich heute der Herr» übergab er das kanonische Recht, einige scholastische Buß- und Lehrbücher und, wie nebenbei, auch die Bannandrohungsbulle vor dem Elstertor von

Wittenberg den Flammen. Später freute er sich dieser Tat mehr als jeder anderen seines Lebens (WABr 2; 295,17–19); seine ungeheuerlichste, kühnste, primitivste, provozierendste und ernsteste Tat war es sicherlich: die Exkommunikation der Papstkirche im Namen der christlichen Glaubensgewissheit. In der Geschichte des abendländischen Christentums markiert dieser 10. Dezember 1520 die «kopernikanische Wende».

Noch zwei weitere Schlüsselszenen, in denen Luther als «Täter», als Handelnder, auftrat, waren es, die den Nimbus seiner charismatischen «Führerschaft» der evangelischen Bewegung auf Dauer begründeten: Zunächst die gefahrvolle, in aller Öffentlichkeit unternommene Reise zum Wormser Reichstag, die einem Siegeszug glich und ihn nach seiner Verweigerung des Widerrufs vor Kaiser und Reich sogleich zum Helden und Märtyrer, zum vogelfreien Ketzer und zum «Heiligen» machte. Im Spiegel des gewaltigen publizistischen Echos, das zugunsten Luthers und «des Evangeliums» im historischen Umkreis des Wormser Reichstags einsetzte, zeigte sich, dass diese höchste politische Bühne des Reichs zur wichtigsten Propagandaplattform des Wittenbergers geworden war. Die zweite Schlüsselszene war weitaus weniger spektakulär, aber kaum weniger wirksam: Sie bestand in Luthers Rückkehr von der Wartburg, wohin sein Landesherr ihn nach dem Wormser Auftritt aus Sicherheitsgründen hatte verbringen lassen. Das Dreivierteljahr konzentriertester Arbeit, das Luther in der leidvoll erlittenen Einsamkeit über dem Thüringer Wald geschenkt war, bildete die Basis für den Neubau eines evangelischen Kirchentums. Er schuf hier nicht nur die Übersetzung des Neuen Testaments, die geistliche und theologisch-argumentative Basis für die Umgestaltung des Kirchenwesens in Deutschland und das Vorbild für zahlreiche Bibelübersetzungen in andere europäische Nationalsprachen, sondern er riss zugleich die religiösen Mauern des Mönchtums als herausgehobener christlicher Lebensform ein (*De votis monasticis*, WA 8; 573–669), indem er darlegte, dass jeder Getaufte gleichermaßen unmittelbar zu Gott sei. Überdies schuf er durch seine Postillen (WA 10 I/1.2. II) das Fundament für eine reformatorische Predigtpraxis, die zum Maßstab evangelischer Verkündigung in Stadt und Land wurde. Durch die Rückkehr in seine Wittenberger Gemeinde gegen den Rat und Willen des Kurfürsten Anfang März 1522 erlangte Luther die Initiative des reformatorischen Handelns zurück, die in der Zeit seiner Abwesenheit in die Hände anderer, zuletzt vor allem Karlstadts, gelangt war. Dass die Wittenberger Reformation fortan eine Veranstaltung unter dem politischen Schutz der landesherrlichen Obrigkeit sein würde, entschied sich, als der Bartträger aus dem Mönchsstand im weltlichen Habit auf Kanzel und Katheder in Wittenberg zurückkehrte. Luther profilierte sich als maßgebliche Gestalt der Reformation, die geachtete Mitarbeiter an sich band, aber Konkurrenten nicht duldete. Eine unmittelbare Umsetzung biblischer Gebote in kirchliche Praxis, wie sie die «Radikalen» unter der Ägide Karlstadts für unumgänglich hielten, gab es unter seiner Führung mit Rücksicht auf bestehende Ordnungen und die «schwachen», noch unentschiedenen Gemeindeglieder nicht. Das erste Schisma der Wittenberger Reformation, Luthers Trennung von Karlstadt im Frühjahr 1522, wirkte als eine Art Keim künftiger Entzweiungen, etwa gegenüber dem sich formierenden Täufertum, in Bezug auf Müntzer und die ihm anhängenden Bauern und im Verhältnis zu den oberdeutschen und schweizerischen Reformatoren, mit denen seit Jahresende 1524 tiefgreifende Differenzen in der Deutung des Abendmahls auszutragen waren.

9. Der Lehrer der evangelischen Ketzerkirche

Luthers weiterer Lebensweg verlief nicht auf der dramatischen Höhenlage der Jahre 1520 bis 1522. Fortan nahmen ihn die Konsequenzen in Anspruch, die sich aus dem mit den Mitteln des Kirchenrechts, der Macht und der Politik nicht niederzuzwingenden Verständnis des christlichen Glaubens, dem er zum Durchbruch verholfen hatte, ergaben. Diese Konsequenzen betrafen verschiedene Zusammenhänge des kirchlichen und gesellschaftlichen Lebens, der theologischen und religiösen Bildung und der gottesdienstlichen Gestaltung. Luther war an den Umsetzungsprozessen des Kirchenwesens auf territorialer oder städtischer Ebene, in Kursachsen aber auch weit darüber hinaus, führend beteiligt. Vielfach entwickelte er Grundmodelle der Kirchenorganisation, der Pfarrerwahl, des kommunalen gemeindlichen Finanzwesens («gemeiner Kasten»), der Gottesdienstordnung, der Visitation oder der Ordination, denen dann in den der Wittenberger Reformation verpflichteten deutschen oder außerdeutschen Kirchentümern eine geradezu normative Geltung zukommen sollte und die, in mannigfacher Transformationsgestalt, bis heute Einfluss besitzen. Als Kirchenlieddichter oder als Verfasser zweier Katechismen (1528/29), des *Kleinen* für die kirchliche Elementarunterweisung und des *Großen* für die geistlichen Multiplikatoren, schließlich als ingeniöser Übersetzer der Bibel (erste sogenannte Wittenberger Vollbibel 1534) entfaltete Luther Wirkungen auf die protestantische Religionskultur, die bis in die Gegenwart fortbestehen. Den spektakulären Jahren, in denen Luther in aller Munde war und vielen als Hoffnungsträger einer ganzen Nation, ja der Christenheit überhaupt erschien, folgten zwar kämpferische, aber doch unspektakulärere Jahre, in denen er mehr und mehr zum geachteten Lehrer einer Partikularkirche avancierte, die nach dem kanonischen Recht eine «unmögliche Möglichkeit» war.

In Bezug auf Luthers «Image» bedeutete die Mitte der 1520er Jahre eine gewisse Scheidelinie. Seine scharfen und zeitlich unglücklich platzierten Polemiken gegen die aufständischen Bauern, die zum Teil erst publik wurden, als die grausamen Massaker der Fürstenheere bereits geschehen waren, und die diese nun nachträglich zu legitimieren schienen, aber auch seine Abrechnungen mit den innerprotestantischen Gegnern in der Abendmahlsfrage kosteten ihn manchen Sympathisanten. Infolge der Klärung der religionspolitischen und konfessionellen Fronten, die ein zwar rechtlich instabiles, aber religiös und institutionell überlebensfähiges evangelisches Kirchenwesen ermöglichte, leuchtete Luthers Stern nun neben den weniger hellen Sternen der übrigen Reformatoren. Doch er leuchtete nicht mehr über dem *orbis christianus* als Ganzem, sondern nurmehr über der evangelischen Welt. Die Wittenberger Universität, in der neben Luther Melanchthon, sein wichtigster Mitarbeiter, eine gewal-

Heirat !

tige Ausstrahlung entfaltete, blieb freilich auf lange Zeit die meistbesuchte Hochschule im Reich. Für Jahrzehnte bildete Wittenberg die Ausbildungsplattform und die Rekrutierungsbasis der intellektuellen protestantischen Eliten in vielen europäischen Ländern und deutschen Territorialstaaten.

Solange Luther lebte, hatte sein Wort größeres Gewicht als das irgendeines anderen Theologen. Aber es war nicht mehr das Wort des «Volkshelden» und «Lieblings der Nation», sondern das des erfahrenen und unbeugsamen Kirchenlehrers, dessen Bild, in unzähligen Variationen der Cranachschule massenhaft verbreitet, nun unerschütterliche Glaubensfestigkeit und Bekenntnistreue suggerierte. Seine Eheschließung mit der entlaufenen Nonne Katharina von Bora (1499–1552) im Juni 1525, aus der sechs Kinder hervorgingen, von denen Luther zwei noch selbst zu Grabe tragen musste, band den ehemaligen Mönch fest in die Freuden und Leiden einer bürgerlich-weltlichen Existenz ein, steigerte seine Empfindsamkeit und bot ein Vorbild des christlichen Hausstandes, das im deutschen evangelischen Pfarrhaus als kulturelles Leitbild jahrhundertelang lebendig blieb.

Luther war die meiste Zeit seines Lebens von recht robuster körperlicher Konstitution; in den späten 1520er Jahren mehrten sich jedoch erste Krankheitssymptome: Angina pectoris, Ohrensausen, seit 1536 ein Harnsteinleiden, Kopfschmerz. Seine körperlichen Beschwerden deutete er, ähnlich wie der Apostel Paulus (2 Kor 12,7), als Faustschläge des Teufels. Die Tatsache, dass er kein Martyrium erlitt wie es anderen Propagandisten des Evangeliums zuteil wurde, konnte ihn gelegentlich anfechten, da das Leiden um der Wahrheit willen zu seiner biblisch geprägten Vorstellungswelt selbstverständlich dazugehörte. Mehrfach wusste er sich dem Tode nahe und nahm den seelsorgerlichen Trost seines Freundes Bugenhagen, des Wittenberger Stadtpfarrers, Fakultätskollegen und einflussreichsten Kirchenorganisators der Wittenberger Reformation, dankbar in Anspruch.

Luther starb, nach den Maßstäben der Zeit alt und lebenssatt, in seinem Geburtsort Eisleben im Alter von 62 Jahren (18. Februar 1546). Dorthin war er gereist, um Streitigkeiten zwischen den Mansfelder Grafen zu schlichten. Die Umstände von Luthers «seligem Sterben» wurden von Freunden und Begleitern aufs Genaueste protokolliert und umgehend veröffentlicht. Dies entsprach seinem Leben als öffentlicher Person; dies gebot aber auch die Luther bis in den Tod hinein verfolgende Feindschaft der Papstkirche. Ein knappes Jahr vor seinem Tod war ihm eine in Rom veröffentlichte *Lügenschrift von Doctoris Martini Luthers Tod* (WA 54; 191–194) bekannt geworden, die unter anderem berichtet hatte, dass Luthers Leichnam seinem Willen entsprechend auf einen Altar gelegt und angebetet worden sei «als ein Gott» (WA 54; 193,2). Solcherart Gotteslästerung gegenüber wahrte Melanchthon in seiner Leichenrede auf den geliebten und schwierigen Kollegen das menschliche Maß, indem er Luther, dessen Selbstverständnis gemäß, zuerst und vor allem als «ein[en] diener des Euangelij von Gott erwecket» titulierte. Das war kein schlechter Anfang, um der wirkmächtigsten Gestalt des 16. Jahrhunderts, die sich als erwähltes Instrument der Reformation Gottes verstanden hatte und noch zu Lebzeiten zum Denkmal geworden war, immer wieder neu und anders zu begegnen.

III. Theologische Existenz

1. «Gottes Wort und Luthers Lehr»

Luthers Theologie ist erfahrungsbezogene Auslegung des Wortes Gottes, die dem Glauben als Inbegriff des Gottesverhältnisses dient. Ein dogmatisches System von überzeitlicher Geltung aufzurichten, lag ihm fern. Für die Interpretation seines Werkes bedeutet dies, dass es notwendig ist, die historischen Kontexte seiner Schriften bei deren Interpretation zu berücksichtigen. Luther wusste um die Zeitgebundenheit insbesondere seiner früheren Schriften, in denen er – wie er in der Retrospektive des Jahres 1545 urteilte – aus Angst vor dem Jüngsten Gericht die Sache des Papstes mit großem Ernst verteidigt habe (WA 54; 179,31–33). In diesen früheren Schriften fänden sich viele unterwürfige Zugeständnisse an den Papst, die er später als ärgste Gotteslästerung und als Gräuel erkannt habe. Das, was seine Gegner als Widerspruch (*antilogiam*, WA 54; 180,1) denunzierten, sei den Umständen der Zeit und seiner Unerfahrenheit geschuldet. Das Luther seit 1537 immer wieder aufgedrängte und von ihm nur zögerlich akzeptierte editorische Großprojekt einer monumentalen Gesamtausgabe seiner Werke barg seines Erachtens die ihm aus der Kirchengeschichte hinreichend bekannte Gefahr in sich, «ausser und neben der heiligen Schrifft [...] viel Bücher und grosse Bibliotheken zu samlen» und «die edle zeit und studieren in der Schrifft [zu] verseume[n] [...] bis die Biblia [...] unter der banck im staube vergessen ist» (WA 50; 657,5–11). Dass Luther seine Mitarbeit an der seit 1539 unter der nachdrücklichen Förderung des sächsischen Kurfürsten Johann Friedrich erscheinenden sogenannten Wittenberger Gesamtausgabe (19 Foliobände, 12 dt., 7 lat. Bände mit Schriften Luthers, 1539–1559) schließlich zusagte, entsprach der Einsicht in die Notwendigkeit historischer Dokumentation: «Wenn ich die Herausgabe bei meinen Lebzeiten nicht gestattete, würde sie nach meinem Tode ganz gewiß erfolgen, und zwar durch Leute, die von dem Gang der Ereignisse und ihren Ursachen nicht das Geringste wüßten, so daß aus einem Durcheinander noch mehr des Wirrwarrs würde.» (WA 54; 179,15–18)

Luthers Ja zur Gesamtausgabe war folgenreich: Fortan bildeten die großen Lutherausgaben – Jenaer Ausgabe (1555–1558); Altenburger Ausgabe (1661–1664); Leipziger Ausgabe (1729–1740); Walchsche Ausgabe (1740–1753); Erlanger Ausgabe (1826–1886); Weimarer Ausgabe (seit 1883) – den wichtigsten Rezeptionsrahmen seines Werkes. Die Erwartung des Reformators, seine Bücher würden, «wenn dieser zeit furwitz [= Leidenschaft] gebüsst ist [...] nicht lange bleiben» (WA 50; 658,7f), hat sich nicht erfüllt. Die Monumentalität und Vollständigkeit der Gesamtausgaben, die Luther buchpolitisch verewigten, begleitet seither die Beschäftigung mit ihm und nötigt immer neu dazu, die Offenheit der historischen Situationen, also die Situativität Luthers, allererst zu rekonstruieren und in den gediegenen und teuren Folianten das wohlfeilere Tagesschrifttum, die Flugschriften, die Luther einst berühmt gemacht haben, aufzuspüren.

Gerade die Thesaurierung seiner Werke, an der sich Luther beteiligt hat, hat paradoxerweise im lutherischen Protestantismus jenen Umgang mit seinen Schriften erschwert oder unmöglich gemacht, den er selbst gefordert hatte: «[...] wer meine Bücher zu dieser zeit ja haben will, der lasse sie i[h]m bey leibe nicht sein ein hindernis, die Schrifft selbs zu studiren, sondern lege sie, wie ich des Bapsts Drecket und Drecketal [d. h.: die Rechtssammlungen des kanonischen Rechts] und der Sophisten [d. h.: der scholastischen Theologen] bücher lege; das ist: Ob ich zu zeiten sehen, was sie gemacht, oder auch die geschichte der zeit rechen [d. h.: erwägen] wolle, Nicht das ich darinne studirn oder so eben [d. h.: genau] darnach thun müste, was sie gedaucht [d. h.: gemeint] hat; Nicht viel anders thu ich mit der Veter und Conzilien Bücher auch.» (WA 50; 658,14–20) Einerseits also relativierte Luther die Bedeutung aller seiner Schriften gegenüber der Heiligen Schrift oder gegenüber herausgehobenen theologischen Werken wie den von ihm gepriesenen *Loci communes* Philipp Melanchthons (WA 54; 179,6f), der ersten reformatorischen Dogmatik. Ande-

rerseits beteiligte er sich aber wirksam an der «Verewigung» seines gedruckten Wortes, betonte, dass seine Schriften gegenüber
manchen Väterschriften mindestens gleichwertig seien oder hob
einige wenige Schriften heraus, vor allem seine Katechismen
(1529, WA 30 I; 125–238; 239–425) und seine theologische
Kampfschrift über den unfreien Willen gegen Erasmus (*De servo
arbitrio*, WA 18; 600–787). Ihnen wünschte er, im Unterschied
zu seinem sonstigen Werk, das nur um der Geschichte willen
(*propter historiam*, WATr 3; 623,7) von Interesse sei, weitrei-
chende Verbreitung und nachhaltige Geltung (WABr 8; 99,7f).

Die uneindeutigen Urteile und schwankenden Erwartungen
Luthers im Hinblick auf sein eigenes literarisches Nachleben
entsprachen der Dialektik seiner Urteile über sich selbst (s. o. I)
und korrespondierten mit einem an Paulus orientierten Verständnis von Theologie, das dadurch gekennzeichnet war, dass
es das «törichte Wort vom Kreuz» (1 Kor 1,18) zum kritischen
Maßstab der Wahrheit der Welt machte. In der ersten von drei
«Regeln» (*oratio* [Gebet], *meditatio* [meditative Vertiefung in
die Schrift], *tentatio* [Anfechtung, WA 50; 659,4]), mit denen
Luther im Anschluss an den 119. Psalm die Aufgabe der Theologie bestimmte, formulierte er in diesem Sinne: «Erstlich soltu
wissen, das die heilige Schrifft ein solch Buch ist, das aller ander
Bücher weisheit zur narrheit macht, weil keins vom ewigen
leben Lehrt on dies allein.» (WA 50; 659,5–7) Am Verständnis
der Schrift scheitere menschlicher «sinn und verstand» (WA 50;
659,7), so dass der Mensch des im Gebet erflehten Beistandes
des Heiligen Geistes bedürfe (*oratio*). Die zweite Regel schreibt
deshalb die unablässige, ganz in Luthers eigener, schon im Kloster eingeübter Bibelpraxis wurzelnde Meditation vor: «Zum andern soltu meditirn, das ist: Nicht allein im hertzen, sondern
auch eusserlich die mündliche rede und buchstabische wort im
Buch imer treiben und reiben (d. h.: hin- und herwenden), lesen
und widerlesen […].» (WA 50; 659,22–24) Ein guter «Theolo-
gus» werde nur, wer sich in immer neuen Anläufen an die Meditation der Schrift mache, nie fertig werde, sich nicht mit ein-
oder zweimaliger Lektüre zufrieden gebe. Denn Gott gibt seinen
Geist nicht «ohn das eußerliche wort» (WA 50; 659,33): Got-

teserkenntnis ist nur durch die unablässig bohrende, «wieder-
käuende» Schriftlektüre, durch die sich Gott selbst kraft seines
im Wort der Bibel kommenden Geistes erschließt, möglich.

Die dritte Regel des rechten Theologiestudiums im Sinne Luthers führt aus der betend-meditativen Konzentration auf das
Bibelwort hinaus in die Ambivalenz menschlicher Erfahrung.
Denn sobald das Wort Gottes durch den es sich aneignenden
Christen in der Welt aufgeht, ruft dies den vielfältigen Widerspruch des Teufels hervor. Erst dadurch aber wird man «zum
rechten Doctor» (WA 50; 660,9), denn die Anfechtungen sind
der «Prüfestein» (WA 50; 660,9), der nicht allein «wissen und
verstehen» (WA 50; 660,2), sondern auch die Erfahrung erschließt, «wie recht, wie wahrhafftig, wie süsse, wie lieblich,
wie mechtig, wie tröstlich Gottes wort sey» (WA 50; 660,2–4).
Erst durch die Anfechtung, durch die existenzielle Erprobung
des Wortes im Horizont radikaler Negativerfahrungen, wird
der Glaube authentisch. Luther hat die Kraft der Anfechtung in
seiner eigenen Biographie erfahren: «Denn ich selber (daß ich
meusedreck auch mich unter den [in seiner Zeit überaus kostba-
ren] pfeffer menge) habe seer viel meinen Papisten zu dancken,
das sie mich durch des Teufels toben so zuschlagen, zudrenget
und zuengstet, das ist, einen zimlichen guten Theologen gemacht haben, dahin ich sonst nicht komen were.» (WA 50;
660,10–14) Die eigene Erfahrung mit der Bibelauslegung, die
Luther in die Konflikte mit der Kirche seiner Zeit geführt hatte,
bildete den Hintergrund seines programmatischen Verständnisses der Theologie. So hat er es insbesondere in der Vorrede zum
ersten Band seiner deutschen Schriften (1539; WA 50; 657–
661) der Nachwelt zum Denkmal gesetzt.

Weil Theologie für Luther wesentlich Auslegung des Wortes
Gottes ist, das Wort Gottes aber eine dynamische, tätige Wirklichkeit, in der, durch die und mit der Gott in der Geschichte han-
delt, strebt der Glaube zur Erfahrung hin (WA 45; 599,9–15)
und kommt erst durch die Erfahrung zur Erkenntnis (WA 7;
550,1–552,4) und zur Gewissheit (WA 10 III; 426, 18–23). Die
Aufgabe, die Schrift zu verstehen, ist deshalb unabschließbar
und übersteigt jede andere Verstehensaufgabe. In dem letzten

Schriftstück aus Luthers Hand formulierte der, der für sich in Anspruch nahm, «die heilige schrifft und Gotts wort also an den tag [ge]bracht [zu haben], als ynn tausent jaren nicht gewest ist» (WA 23; 36,25f), die bestürzend nüchterne weisheitliche Quintessenz seiner theologischen Existenz: «Den Vergil in seinen Bucolica und Georgica [d. i. in seinen Gedichten über das Land- und Hirtenleben] kann niemand verstehen, er sei denn fünf Jahr Hirte oder Bauer gewesen. Den Cicero in seinen Briefen versteht, so meine ich, niemand, der nicht 20 Jahre im Staat tätig gewesen ist. Die Heilige Schrift glaube aber niemand genug geschmeckt (*gustasse*) zu haben, der nicht hundert Jahre mit den Propheten die Gemeinde geleitet hat.» (WA 48; 241f) Allein die Erfahrung macht einen Theologen (*Sola autem experientia facit theologum*, WATr 1; 16,13).

Dass Luther Theologie als praktische, erfahrungsbezogene Schriftauslegung, als Selbstauslegung des Menschen im Horizont des Wortes Gottes, verstand, macht den lebendigen und zugleich den fragmentarischen Charakter seines Werkes aus. Denn die Auslegung soll hier und jetzt konkret werden; sie abzubrechen oder nicht immer neu zu beginnen hieße, dem redenden Gott den Weg abzuschneiden, auf dem er zu den Menschen gekommen ist und immer wieder kommt: im Wort. Indem Luther Theologie als unabschließbaren Prozess der Auslegung des Wortes Gottes verstand, begründete er einen spezifischen Theologietypus. Dieser entwickelte sich einerseits im Gegenüber zum scholastisch-traditionalen, andererseits im Gegenüber zum «schwärmerisch»-radikalprotestantischen. Während der erste Theologietypus in der Formulierung letztgültiger, durch die römische Papstkirche verbürgter Traditionen ewige Wahrheit in der Zeit zu fixieren beanspruchte und der zweite in der von der Schrift gelösten, ihr Zeugnis überbietenden Spekulation und in der individuellen Gotteserfahrung sein Ziel und seinen Autoritätsanspruch fand, bestand Luther darauf, dass allein die immer neu zu verstehende und anzueignende, unüberbietbare Rede Gottes in der Schrift dem Glauben hier und jetzt zur lebensrettenden Wahrheit zu werden vermag. In der Radikalität, mit der Luther in der Schrift und nur in der Schrift Gottes Willen zu er-

kennen bereit war, stand er im Gegensatz nicht nur zum ein-
drucksvollen Hauptstrang der abendländischen Christentumsgeschichte, sondern auch zu den «fortschrittlichen» Geistern
seiner Zeit. Nur im Gespräch mit dem seines Erachtens in der
Schrift in heilsamer Weise klar, unmissverständlich und eindeutig redenden Gott wollte Luther das Gespräch mit seiner Zeit
führen.

2. Luthers Bibel

Die Bibel ist für Luther das Buch des Lebens geworden. Sein
inniges Verhältnis zu ihr wurzelt in der Tiefe seiner Biographie,
ist aus der zeitgenössischen Frömmigkeitspraxis nicht ableitbar
und bildet den Urgrund der von ihm ausgehenden Reformation.
Erstmals im Alter von etwa 20 Jahren hatte Luther in der Erfurter Universitätsbibliothek eine vollständige Bibel gesehen, sogleich in ihr gelesen und an der Lektüre Gefallen gefunden
(WATr 3; 598,10; WATr 5; 75,10–10; WATr 1; 44,16–20). Vor
dem Eintritt ins Augustinerkloster hatte er eine Postille mit den
Evangelientexten des Kirchenjahres (WATr 1; 44,18–20) erworben. Im Kloster habe er dann, so berichtet er im Rückblick, als er
über sich selbst verzweifelte (WATr 5; 75,14), um eine Bibel gebe-
ten, eine in rotes Leder eingeschlagene Vulgata erhalten (WATr 1;
44,23f) und diese zu lesen begonnen, dann wieder und abermals
gelesen (*incepi legere, relegere et iterum legere*, WATr 3; 598,14).
Luthers Mentor Johann von Staupitz zeigte sich von Luthers um-
fassender, überaus präziser Bibelkenntnis beeindruckt (WATr 1,
Nr. 116), und auch mit seinem Erfurter Lehrer Jodocus Trutfetter wusste sich der junge Ordensmann darin einig, dass der
Bibel vor der kirchlichen Tradition ein unbedingter Vorrang
gebühre (WABr 1; 171,72f). Im Unterschied zu seinem Lehrer
Bartholomäus Arnoldi von Usingen, der im Normenstreit zwischen der biblischen und der kirchlichen Autorität darauf bestand, dass erst die Kirchenväter der Bibel einen eindeutigen Sinn
gäben (WATr 2; 6,1–3), stellte Luther die Bibel mit einer Einseitigkeit ins Zentrum seiner geistigen Interessen, die im damaligen
Theologiebetrieb alles andere als selbstverständlich war.

Luther las die Bibel von Anfang an in der Erwartung, in ihr Antworten auf Lebensfragen zu finden. Aus dieser Konzentration auf die Bibel, die zum Inhalt seines Lebensberufs wurde, erwuchsen ihm neue Einsichten, neue Fragen, erste Klärungen, die er in immer neuem Bibellesen vertiefte und verbreitete. In Bezug auf die Bibelkenntnis wusste sich Luther allen seinen zeitgenössischen Kritikern zur «Rechten» und zur «Linken», aus der Papstkirche und aus den eigenen Reihen, unendlich überlegen. Etliche Jahre lang hat er die Bibel zweimal im Jahr vollständig durchgelesen (WATr 2; 244,20–23). Seine Lektüre charakterisierte er mit Vokabeln wie «pochen» oder «anklopfen», «anstürmen» oder «schmecken», um sein Verhältnis zu einzelnen Versen zu beschreiben. Luther lebte mit und in der Bibel; sie bereitete ihm Todesängste und bescherte ihm Rettungserfahrungen; sie zog ihn hinein in ihren Inhalt, in Gottes Geschichte mit den Menschen, wurde ihm Spiegel und Regel seines Lebens. Sein Bestehen darauf, sich in den Auseinandersetzungen mit der römischen Kirche und den innerreformatorischen Gegnern nur durch Schriftzeugnisse widerlegen zu lassen, entsprach dem Umstand, dass er sich in seinem Gewissen durch die Worte Gottes gefangen wusste (WA 7; 838,4–9; 876,11–877,6), und spiegelte zugleich die Gewissheit, in Bezug auf die eine zentrale Wahrheit der Heiligen Schrift im Recht zu sein. Denn die im Vergleich zur vorangegangenen Kirchen- und Christentumsgeschichte frappierende Einseitigkeit, mit der Luther auf die Bibel setzte, hatte ihren Grund allein darin, dass die Bibel für ihn nicht polyphon oder dunkel und der kirchlichen Auslegung bedürftig war, sondern *eine* zentrale Botschaft, das Evangelium von Gottes Liebe in Christus, enthielt.

Luthers hermeneutische Radikalität, die im Evangelium, in der «Predigt von Christus» (WADB 6; 6,24), in dem also, «was Christum treibet» (WA 17 I; 513,11), den Dreh- und Angelpunkt der biblischen Überlieferung sah, bildet auch das theologische Motiv für sein epochales Übersetzungswerk. Sein ganz auf die «gute botschafft, gute mehr [d. i. Mär = Erzählung], gutte newzeythung, gutt geschrey, davon man singet, saget und frolich ist» (WADB 6; 3,23–25), zugespitzter Zugang zur Bibel unterscheidet sich von traditionellen und zeitgenössischen Zugangsweisen

Lucas Cranach d. Ä., «Das Alte und das Neue Testament», Holzschnitt, um 1529

erheblich. Mit der in der Nachfolge des Kirchenvaters Hieronymus üblichen, noch von Luthers Wittenberger Kollegen Karlstadt geteilten Vorstellung, dem Aufbau des Kanons entspreche
ein sachlicher Vorrang des Gesetzes vor den Propheten, der
Evangelien vor der Briefliteratur, des Matthäus vor Johannes,
brach Luther grundsätzlich. Denn für ihn bestimmte sich der
Wert und die Bedeutung einer biblischen Schrift ausschließlich
danach, ob und inwiefern sie nicht nur von Christi Werken und
seiner Geschichte handelte, sondern ihn als das Heil Gottes vermittelte: «also ist auch das noch nicht das Euangelion wissen,
wenn du solche lere und gepott weyssist, sondern wenn die stymme kompt, die da sagt, Christus sey deyn eygen mit leben, leren,
wercken, sterben, aufferstehen unnd alles was er ist, hat, thutt
und vermag» (WADB 6; 8,16–20). Dieses eine Evangelium, Gottes frohe Botschaft, dass Christus «allen, die do glewben, zu

eygen geben alles seyn gutt, das ist, seyn leben da mit er den todt verschlungen, seyn gerechtigkeyt da mit er die sund vertilget, und seyn seligkeyt damit er die ewige verdamnis uberwunden hat» (WADB 6; 4,17–20), wird für Luther gleich zu Beginn des Alten Testaments, in Gen 3,15, erstmals vernehmbar und durchzieht Gesetz und Propheten. Auch der Psalter ist für ihn ein Buch, in dem er der lebendigen Stimme Christi innewird. Seine sich vor allem in den späten Lebensjahren häufenden verbitterten Hasstiraden gegen die Juden, aber auch gegen christliche Hebraisten, hatten in deren Absage an Luthers biblische Hermeneutik, die das Alte Testament wesentlich als Christuszeugnis verstand, ihr wohl gewichtigstes theologisches Motiv. Aus der Konzentration auf die «Predigt von Christus» ergab sich für Luther eine innere Hierarchisierung des Neuen Testaments: Das Johannesevangelium, der Römerbrief und der erste Petrusbrief waren für ihn «der recht kern und marck unter allen buchern» (WADB 6; 10,12f). Denn sie stellten dar, wie der Glaube an Christus Sünde, Tod und Hölle überwinde und das Leben, die Gerechtigkeit und Seligkeit schenke. An diesem Kriterium der Evangelizität maß Luther auch die anderen Schriften des Neuen Testaments; dem Jakobusbrief etwa sprach er das Urteil, dass er «keyn Euangelisch art» (WADB 6; 10,34) an sich habe, und auch der Hebräerbrief, der Judasbrief und die Johannesapokalypse rückten ganz an den Rand des Lutherschen Kanons und wurden ohne eigene Zählung am Schluss seines Neuen Testaments geboten. Im Alten Testament folgt die Lutherbibel, die erstmals 1534 vollständig vorlag, der Anordnung der Vulgata, d. h. der als autoritativ geltenden (im Trienter Konzil 1546 für verbindlich erklärten) lateinischen Übersetzung des Kirchenvaters Hieronymus, wobei Luther allerdings die Apokryphen, die nicht in den Kanon aufgenommenen, gleichwohl anerkannten Schriften, lediglich als Anhang anfügte. Im Unterschied zu Erasmus oder Karlstadt, für die die Approbation biblischer Schriften durch die Tradition der Alten Kirche ein wesentliches Kriterium ihrer Geltung war, entschied sich für Luther die Kanonizität einer Schrift vor allem an dem theologisch-hermeneutischen Sachkriterium «was Christum treibet». Dieser Einseitigkeit verdankt die Lutherbibel ihre

singuläre theologische Kohärenz und vielleicht auch ihre sprach-
liche Meisterschaft, die ihre epochale wirkungsgeschichtliche
Bedeutung begründet hat.

Freilich stand Luthers Bibelübersetzung nicht am Anfang seines reformatorischen Weges und ist erst als Ergebnis bestimmter
Herausforderungen angemessen zu verstehen. Luther ist nicht
einmal der erste im Wittenberger Kreis gewesen, der öffentlich
die Forderung nach einer volkssprachlichen Laienbibel erhoben
hatte. Dieser Ruhm gebührt Karlstadt, der seit 1519 für die Laienbibel agitierte und sich damit bewusst an Erasmus von Rotterdam anschloss, jenen humanistischen Kirchenreformer, der wie
kein zweiter für die Bibellektüre der Laien eingetreten war.
Durch Erasmus' bahnbrechende Edition des griechischen Neuen
Testaments im Jahre 1516 war die Notwendigkeit, exegetische
Urteile am Urtext zu verantworten, unabweisbar geworden, und
seit dem Frühsommer 1521 waren nach und nach Teilübersetz-
zungen einzelner biblischer Schriften erschienen, die auf dem
griechischen Text oder der lateinischen Neuübersetzung des
Rotterdamers basierten. Diese vorlutherischen Teilübersetzungen des Neuen Testaments waren wohl mehrheitlich bereits vom
Geiste Wittenbergs erfüllt. Indem Luther sich an die Spitze der
immer breiter werdenden, insbesondere vom städtischen Bürger-
tum gestützten Bewegung für die Bibel in der Volkssprache
stellte, gab er ihr eine neue Richtung. Denn ihm lag an der deutschen Bibel – im Unterschied zu Karlstadt – nicht, um mit ihr
geistlich autonome Laien als Subjekte der Kirchenreform zu mobilisieren. Auch ging es ihm nicht, wie Erasmus, primär darum,
durch den Konkurrenzdruck der Laien den Bildungsdrang des
Klerus zu stimulieren und seine Reformwilligkeit zu verbessern.
Luther wollte den Glauben an das Evangelium ermöglichen und
durch Gottes Wort selbst befördern. Im Unterschied zu den Teilübersetzungen wollte er dies durch eine vollständige Ausgabe
des Neuen Testaments gewährleisten. Und mit Hilfe seiner Ein-
leitungen zum Neuen Testament und zu den einzelnen Schriften,
die er seiner Ausgabe voranstellte, wollte er die Laien in den
Stand setzen, zwischen Schale und Kern, Gesetz und Evangelium, Christus und der Welt zu unterscheiden.

Luthers Hermeneutik des Neuen Testaments, die er in seinen Vorreden entfaltete, widersprach auch der Schriftlehre seines Fakultätskollegen Karlstadt, für den der Jakobusbrief, der eine Gerechtigkeit aus Werken lehrt, aufgrund des Umstands, dass er im kirchlichen Kanon rezipiert worden war, gleichwertig neben Paulus, dem Apostel der Glaubensgerechtigkeit, stand. An der Frage der Geltung des Jakobusbriefes wird der erste Riss innerhalb der frühreformatorischen Wittenberger Theologie, zwischen Luther und Karlstadt, sichtbar. Unter den vielen, die Luthers programmatischem Grundsatz «allein die Schrift» (*sola scriptura*) zustimmten, gab es nicht wenige, die ihn anders verstanden als er. Karlstadt war der erste von ihnen.

Luthers Plan zu einer Übersetzung des Neuen Testaments, das der «wahren Kirche» in ihrem Kampf gegen den römischen Antichristen Halt und Trost vermitteln sollte, fiel – wie es scheint – während eines kurzen Besuchs, den er Anfang Dezember 1521 von der Wartburg aus Wittenberg abstattete. Melanchthon drängte ihn dazu, einerseits, weil die kursierenden deutschen Teilübersetzungen das Neue Testament zu zerreißen drohten und vor allem die Paulusbriefe, die wichtigsten Referenztexte Luthers, in den Hintergrund treten ließen (WA 48; 448,2–6; WATr 1; 487,11f; WADB 6; XXXII; WABr 2; 413,6f), andererseits, weil er im Zuge der seit dem Sommer 1521 aufbrechenden Wittenberger Bewegung massiv mit dem neuartigen Phänomen eines vom äußeren Schriftwort unabhängigen Laienprophetismus konfrontiert worden war. Ende Dezember tauchten dann die sogenannten Zwickauer Propheten unter der Führung des Tuchmachers Nikolaus Storch und des ehemaligen Wittenberger Studenten Markus Thomae, genannt Stübner, in Wittenberg auf, nahmen besondere Offenbarungen für sich in Anspruch, polemisierten gegen die Säuglingstaufe – erstmals in der Reformationszeit! – und stritten überhaupt im Namen prophetischer Geistesunmittelbarkeit gegen den äußeren Gottesdienst und ein kirchliches Amt. Sollte sich in Erscheinungen dieser Art die endzeitliche Geistausgießung, die in der Bibel verheißen war (Joel 3), manifestieren? In den Zwickauer Propheten, die ihren ehemaligen Pfarrer Thomas Müntzer und auch Karlstadt zu beeinflussen vermochten, wirkten Elemente vorreformatorischer hussitischer und waldensischer «Ketzerei» auf die reformatorische Bewegung ein. Mit der Konzentration auf das äußere Wort der Heiligen Schrift (*verbum externum*), die durch Luthers Bibelübersetzung auch für lesefähige Laien nachvollziehbar wurde, war eine Entscheidung gegen den radikalreformatorischen Spiritualismus und damit zugleich gegen das hierarchische Traditionsprinzip der Papstkirche getroffen.

Mit seiner in nur elf Wochen auf der Wartburg auf der Basis des griechischen Urtextes und der Vulgata angefertigten Übersetzung des Neuen Testaments, die nach gründlichen philologischen Revisionen durch den Gräzisten Melanchthon erstmals im September 1522 im Druck erschien (sogenanntes Septembertestament), legte der rechtmäßig verurteilte «Ketzer» Martin Luther die wichtigste Grundlage für die weitere Ausbreitung der Reformation und die Entstehung einer evangelischen Kirche. Auch außerhalb Deutschlands wirkte Luthers volkssprachliche Übertragung des Neuen Testaments stimulierend auf nationalsprachliche Aneignungen der christlichen Glaubensurkunde ein. Wo immer die Reformation erfolgreich war, brachte sie volkssprachliche Bibelübersetzungen, zum Teil als erste nationale Literaturdokumente überhaupt, hervor. Mit Luthers Übersetzung des Neuen Testaments ist die Reformation definitiv eine Bibelbewegung geworden.

Noch während die Druckvorbereitung des Septembertestaments, dem Cranach einen Holzschnittzyklus zur Johannesoffenbarung beifügte, auf Hochtouren lief, begann Luther bereits mit seiner Übersetzung des Alten Testaments aus dem hebräischen Urtext. Diese Aufgabe sollte ihn und einige engere Mitarbeiter, besonders Melanchthon und den Hebräischlehrer Matthäus Aurogallus, für die nächsten zwölf Jahre, bis zum Erscheinen des ersten vollständigen Druckes der «Lutherbibel», regelmäßig beschäftigen. Im Unterschied zum Neuen Testament, bei dem Luther von vornherein vor allem an der Einheit der Bücher gelegen war, nahm er beim Alten Testament aus pragmatischen Gründen in Kauf, dass es, zunächst sehr zügig, in einer Reihe erschwinglicher Teilausgaben herauskam: 1523 die ersten fünf Bücher Mose (Pentateuch) und 1524 die historischen Bücher (Josua bis Esther), die poetischen Bücher (Hiob, Sprüche, Prediger, Hoheslied) und die Psalmen. Dann stockte das Unternehmen, einerseits infolge von Luthers Krankheiten, der Verlegung der Universität Wittenberg nach Jena wegen der Pest (September 1527) und vielfältiger Inanspruchnahmen des Reformators, andererseits wegen der erheblichen sprachlichen Schwierigkeiten, die die Prophetenübersetzung machte. In der im Frühjahr 1527 erschienenen ersten vollständigen deutschen Prophetenübersetzung der humanistisch gebildeten Täuferführer Ludwig Hätzer und Hans Denck (sog. «Wormser Propheten») war Luthers Übersetzungswerk überdies eine unliebsame Konkurrenz erwachsen. Unbeschadet aller Detailkritik und seines Ärgers darüber, dass Hätzer und Denck Juden an dem Werk beteiligt hatten (WA 30 II; 640), konnte der Wittenberger Reformator dieser Übersetzung seine Anerkennung nicht grundsätzlich versagen. Angesichts des beträchtlichen publizistischen Erfolges der «Wormser Propheten» war klar, dass Luther nur eine vergleichbare Teilausgabe aller Propheten herausbringen konnte. Als seine «Propheten alle deudsch» 1532 erschienen, hielt er diese ihm «werlich sawr» (WATr 2; 439,12) gewordene literarische Arbeit für seine gelungenste Übertragung überhaupt; allein sein deutscher Text, so nahm er für sich in Anspruch, sei schon verständnisfördernder als viele Kommentare (WATr 2; 40,19–22) zusammen.

Bei den nun noch fehlenden, im hebräischen Kanon nicht enthaltenen «Apocrypha», also jenen Schriften, die nach Luther «nicht der Heiligen Schrift gleichzuhalten und doch nützlich und gut zu lesen sind» (WADB 12; 2f), bediente er sich stärker der Zuarbeit seiner Kollegen Melanchthon und Justus Jonas. Im September 1534 konnte schließlich die vollständige «Lutherbibel», versehen mit kurfürstlichem Druckprivileg, Vorreden Luthers und 117 zumeist nach seinen Anweisungen gefertigten Holzschnitten aus der Cranach-Werkstatt erscheinen. Die erste Auflage von 3000 Exemplaren war offenbar rasch vergriffen; 1535, 1536 und 1539 erschienen weitgehend unveränderte Nachdrucke. Zwischen 1539 und 1541 unterzogen Luther und eine ihn unterstützende Expertenkommission die Übersetzung einer gründlichen Revision (WADB 3 u. 4). Die Letztverantwortung für die zum Teil sehr komplizierten Übersetzungsentscheidungen, bei denen man gelegentlich «viertzehen tage, drey, vier wochen [...] ein einiges [= einziges] wort gesucht und gefragt» (WA 30 II; 636,17f) hatte, lag bei Luther selbst. Er empfand seine Bibelübersetzung, an der er auch weiterhin unablässig, bis zu seinem Tode, besserte, als seine wohl wichtigste Lebensleistung (WA 30 II; 635,11–24; 640,18; 633,24f).

Der gewaltige Erfolg der «Lutherbibel», die zwischen 1522 und 1546 in etwa 430 Teil- und Gesamtausgaben und in etwa einer halben Million Exemplaren verbreitet wurde, gab ihm Recht. In sprachgeschichtlicher Hinsicht kommt der «Lutherbibel», aber auch seiner übrigen literarischen Produktion, eine erhebliche Bedeutung zu. Der bereits vor ihm einsetzende Prozess eines Sprachausgleichs innerhalb des deutschen Sprachgebiets und der Vereinheitlichung einer deutschen Schriftsprache wurde durch die reformatorische Druckproduktion Wittenbergs, die auf dialektale Ausdrücke weitgehend verzichtete, forciert und dynamisiert. Als sprachlicher Inspirationsquell der religiösen und profanen Literatur und als deutsches Sprachdenkmal lebte die «Lutherbibel» auch außerhalb kirchlich gebundener Milieus bis ins 21. Jahrhundert hinein fort. Die in Widerspruch und Konkurrenz zur «Lutherbibel» entstandenen, zum Teil völlig von ihr abhängigen katholischen deutschen Bibelübersetzungen bestätigten auf ihre Weise, dass das Bedürfnis nach der Laienbibel, ungeachtet der Versuche des Trienter Konzils, diese zu verbieten, nicht zu unterdrücken war. Die Hinwendung zur volkssprachlichen Bibel, die mit Luthers Übersetzung wirkungsreich vollzogen wurde, veränderte das abendländische Christentum als Ganzes tiefgreifend und dauerhaft.

Luther war sich der epochalen übersetzungsgeschichtlichen Bedeutung seiner Bibel, die er «den lieben Christen» «zu dienst» und Gott «zu ehren» (WA 30 II; 640,5) unternommen hatte, bewusst. Seinen ganz in der lateinischen Sprachwelt befangenen altgläubigen Kritikern warf er, nicht ohne Berechtigung, vor, dass sie aus seinem «dolmetschen und teutsch» überhaupt erst «teutsch

reden und schreiben» (WA 30 II; 633,14) gelernt hätten, und
auch gegenüber den «Wormser Propheten» beanspruchte er, dass
sie seinem «deutschen fast [= sehr] nach gangen» (WA 30 II;
640,30f) seien. Entgegen der bisher üblichen Nachahmung vor
allem des lateinischen Sprachstils, wie sie in den vorreformato-
rischen deutschen Bibelübersetzungen dominiert hatte, bestand
Luther auf einer sinngemäßen, den Besonderheiten der Zielspra-
che entsprechenden Übertragung: «[...] den[n] man mus nicht
die buchstaben inn der lateinischen sprachen fragen, wie man sol
Deutsch reden [...] sondern, man mus die mutter ihm hause, die
kinder auff der gassen, den gemeinen man auff dem marckt
drumb fragen, und den selbigen auff das maul sehen, wie sie reden, und darnach dolmetzschen, so verstehen sie es den[n], und
mercken, das man Deutsch mit in redet.» (WA 30 II; 637,17-22)
Immer dann allerdings, wenn die Gefahr bestand, den Sinn des
griechischen oder hebräischen Originals zu verfehlen, hielt auch
Luther eine enge Anlehnung an die Vorlage für geboten. Bei
Übertragungsproblemen einzelner «dunkler» Stellen der Schrift
seien vergleichbare «hellere» Stellen heranzuziehen, denn die
Schrift selbst sei ihre beste Auslegerin (*scriptura [...] sui ipsius
interpres*, WA 7; 97,23). Letztlich ist Christus es, der der Schrift
Klarheit gibt. Von ihm her und auf ihn hin ist die Schrift zu lesen
(WA 18; 606,24-31). Luthers Versuch, mit seiner deutschen
Übersetzung der Sprachwelt des gemeinen Mannes zu entspre-
chen, bedeutet nicht, dass die «Lutherbibel» in dem Sinne «volks-
tümlich» wäre, dass sie auf rhetorisch kunstvolle Gestaltung ver-
zichtet hätte. Im Gegenteil: Rhythmisierung des Satzbaus, Klang-
figuren, besonders Alliterationen (z. B. «Stecken und Stab»
[Psalm 23]; «zittern und zagen» [Mk 14,33]) oder Reime («Rat
und Tat» [Spr 8,14]; «singen und klingen» [Sir 39,20]), aber auch
zahlreiche Wortschöpfungen wie «Feuereifer», «Denkzettel»,
«Herzenslust» oder «Morgenland» legen von Luthers sprach-
schöpferischer Kraft Zeugnis ab. Der Erfolg seiner Bibel hat
sein Überlegenheitsgefühl gegenüber den «Papisten» bestätigt:
«Ich kan dolmetzschen / Das können sie nicht.» (WA 30 II;
635,21f) Mehr als jede Bibelübersetzung vor oder nach ihm war
Luthers Bibel sein persönliches Werk.

3. Katheder und Kanzel

Dem untadeligen Mönch, skrupulösen Priester und gewissen-
haften akademischen Lehrer, der in der Wahrnehmung seines
Amtes mit seinen Lebensfragen an die Heilige Schrift «anklopf-
te» und den seine Kirche, die er liebte, mit kompromissloser
Härte seines Lebensrechtes beraubt hatte, war die historische
Bürde auferlegt, das Haupt einer Ketzerkirche zu werden. Luther hat diese Rolle nicht gesucht. Er hatte, dem akademischen
Vertrauen in die Kraft des Argumentes und der Bindung an
die Autorität *der* Urkunde der Christenheit, der Bibel, folgend,
die theologischen Einsichten, die ihm zugewachsen waren,
im Dienste einer Kirchen- und Theologiereform fruchtbar zu
machen versucht. Als gehorsamer Sohn seiner Kirche hatte er
an dem Glaubwürdigkeitsverlust gelitten, den veräußerlichte
Frömmigkeitspraktiken, ein durch den Ablass systematisch be-
förderter Schwund des Bußernstes und eine für weltlichen
Prunk empfängliche hierarchische Kirchenleitung erzeugten.
Doch im Unterschied zu kirchenkritischen Stimmen anderer
Zeitgenossen kam Luthers Stimme von weit her, aus der Tiefe
des Christentums, aus der Mitte seiner heiligsten Urkunde, «aus
dem redenden Gott selbst». Das jedenfalls war Luthers Gewissheit. Ohne sie hätte er die Ketzerrolle, die ihm die gegenüber
Gott und seinem Propheten schuldig gewordene Kirche auf-
nötigte, nicht anzunehmen vermocht. Ohne seine in Bezug auf
den Anspruch der Kirche nur allzu berechtigte, in Bezug auf ihre
Wirklichkeit nur allzu naive Erwartung, die theologische Wahrheit könne und müsse die Kirche in Ordnung bringen, hätte er
sich zwischen der Rolle des gehorsamen Sohnes und der des ver-
worfenen Ketzers verloren und die ihm aufgebürdete Aufgabe,
eine «neue Kirche» zu bauen, nicht in Angriff nehmen können.
Er nahm sie an, indem er einen fulminanten rhetorischen Stand-
ortwechsel vollzog, sich selbst gleichsam auf das Podest eines
evangelischen Lehramtes stellte, die römische Ketzerkirche und
ihr Recht verwarf und in Adaption pontifikaler Sprachgebärden
donnerte: «Ich Martinus Luther, genant Doctor der heyligen
schrifft, Augustiner tzu Wittenbergk, fug meniglich zu wissen,

das durch meyn willen, radt und zuthat auff montag noch
[= nach] Sanct Nicolai ym M.D.XX. Jar [= 10. Dezember 1520]
vorprennet seyn die Bucher des Pabsts von Rhom und ettlich
seyner Jungernn.» (WA 7; 161,8–162,1) Nun gab es kein Zurück mehr; Luther musste der Wortführer der «wahren Kirche»
sein, in deren Namen er dem Papst das Urteil gesprochen hatte.

Die institutionellen Stützen, derer sich Luther bei der Ein-
und Ausübung dieser unerhörten Rolle bediente, lagen nahe
und entsprachen der Konsequenz seines Weges: Es waren sein
universitäres Lehramt als Theologieprofessor und sein kirchliches Predigtamt in der Stadtkirche zu Wittenberg. Die Legitimität beider Berufungen durch den Landesherrn beziehungsweise den Orden auf der einen und durch den Wittenberger Rat
auf der anderen Seite (WA 10 III; 10) war an sich unstrittig. Die
Tatsache, dass er als Bettelmönch an ihnen kaum verdiente,
dürfte seiner Reputation überdies günstig gewesen sein. Seine
Unabhängigkeit vom klerikalen Pfründensystem verschaffte
ihm einen moralischen Vorsprung gegenüber seinen Kritikern,
den er zu nutzen wusste. Lediglich sein Predigtauftrag brachte
ihm bescheidene persönliche Einkünfte von etwa acht Gulden;
lange Zeit waren das seine einzigen. Auch an seinen Vorlesungen oder am Druck seiner Schriften verdiente er nicht. Zu geordneten persönlichen Einkommensverhältnissen kam Luther
erst mit dem Eintritt in den Ehestand im Jahre 1525.

Die Bedeutung des Zusammenhanges beider Ämter für Luthers Wirken und Agieren dürfte kaum zu überschätzen sein.
Aus den spezifischen Möglichkeiten und Herausforderungen
beider Ämter empfing das Werk der Reformation entscheidende
Gestaltungsimpulse. Als Prediger, der seit 1513 oder 1514 in
der Regel mehrmals wöchentlich, manchmal täglich, in der Wittenberger Stadtkirche auf die Kanzel stieg, war Luther im Laufe
der Zeit eine stadtbekannte und geschätzte Persönlichkeit geworden. Die Beliebtheit des predigenden Doktors aus dem Augustinerkloster in Stadt und Universität bildete die Basis seines
späteren reformatorischen Wirkens. In Wittenberg sollte Luther
zeitlebens Rückhalt haben. Lange vor den Konflikten, die mit
dem Ablassstreit begonnen hatten, hatte er Vertrauensverhält-

nisse zu Wittenberger Stadträten und Professoren, Bürgern und
Studenten, auch den kurfürstlichen Räten der Residenzstadt
aufgebaut; sie dürften nicht zuletzt durch seinen regelmäßigen
Predigtdienst begründet und gepflegt worden sein. Als die reformatorische Bewegung in der Zeit seiner erzwungenen Abwesenheit auf der Wartburg eine Richtung nahm, die Luther nicht
gefiel, gelang es ihm unmittelbar nach seiner Rückkehr ebenso
zügig wie durchschlagend, den Kurs in seinem Sinne zu korri-
gieren. Ohne das Vertrauen und die hohen Erwartungen, die die
Wittenberger in ihn setzten, wäre das kaum möglich gewesen.

Als Prediger war es für Luther möglich, aber auch nötig, die
theologischen Einsichten seiner exegetischen Arbeit in einer
Weise aufzubereiten und zu erklären, die für die Wittenberger
Stadtbürger verständlich und nachvollziehbar war. Der Ordensmann, der die Bürger bewegte, belehrte und tröstete, hatte die
frömmigkeitspraktischen Dimensionen seiner Theologie, die Beziehung zur gelebten Religion, immer schon im Blick. Der Pra-
xisbezug von Luthers Theologie ist also kein sekundärer, ihr
äußerlicher Aspekt, sondern er gehört zu dieser konstitutiv hinzu. In den frühen Jahren bis 1520 entwickelte Luther eine große
Sensibilität für die dem jeweiligen Kontext eines Sprachhandelns
gemäße Form. Die beiden Standorte seines theologischen Berufs,
die Kanzel und das Katheder, haben dies begünstigt. Die scheinbar mühelose Leichtigkeit, mit der es Luther später vermocht
hat, in Gestalt seiner Lieder oder des *Kleinen Katechismus* popu-
läre, für den «gemeinen Mann» und für Kinder eingängige Texte
zu verfassen, ist durch die langjährige Vermittlungsleistung, die
für seine Tätigkeit seit seinen Wittenberger Anfängen charakteristisch war, befördert oder überhaupt erst möglich geworden.
Manchen seiner frühen Publikationen, etwa einer bald sehr erfolgreichen Auslegung der Zehn Gebote (WA 1; 60–141; 398–
521), lagen Predigtreihen zugrunde. Auch später ging der Weg
manches seiner Texte vom Schreibpult über die Kanzel in die
Druckpresse. Seinen frühen Erfolgsschriften, die ihn als «religiösen Volksschriftsteller» (H. Dannenbauer, 1930) bekannt gemacht hatten, lagen vielfach so oder jedenfalls ähnlich gehaltene
Predigten zugrunde. In Bezug auf die Talente, die Luther zum

Reformator werden ließen, war seine berufliche Nebentätigkeit als Stadtprediger also zentral. Der reißende Absatz, den seine gedruckten Predigten fanden, führte verstärkt seit 1522 immer wieder dazu, dass unautorisierte Mitschriften mit zum Teil zweifelhaftem Authentizitätsgehalt außerhalb Wittenbergs auf den Markt strömten. In einigen Fällen sah sich Luther genötigt, mit korrigierten oder revidierten Versionen in die Öffentlichkeit zu gehen. Mit Hinweisen wie dem, dass er alle seine Schriften der Universitätszensur Wittenbergs unterstelle (WA 12; 142,8–12) und exklusiv in Wittenberg erscheinen lasse, aber auch mit Instrumenten wie dem kurfürstlichen Druckprivileg oder Schutzmarken wie dem Christuslamm und der Lutherrose, die er seit 1524 im Zusammenhang mit den Bibeldrucken verwendete, suchte der Wittenberger Professor sein eigenes Wort und den Absatz der Wittenberger Drucke in einer Welt ohne Copyright zu schützen.

Luther hat die Doppelbelastung seiner beiden Berufe im Prinzip bis zu seinem Tod ausgehalten. Er ist damit, je länger, je mehr, auch als lebendes Denkmal, zu dem Studenten, berühmte Gelehrte oder Fürsten pilgerten, für seine Wittenberger Gemeinde sichtbar und präsent geblieben. Manche späteren Universitätstheologen und Kirchenführer des Luthertums, die in den 1530er oder 1540er Jahren in Wittenberg studiert hatten, fanden Luther auf der Kanzel eindrucksvoller als im Hörsaal. Luther hat während der rund dreieinhalb Jahrzehnte, die er Professor war, ausschließlich exegetische Vorlesungen gehalten. Vorgegeben war das nicht, entsprach aber seinem Selbstverständnis und seiner Bestimmung der Aufgabe der Theologie. Bereits in den frühen Vorlesungen ist unübersehbar, dass er nicht nur mit den gelehrten humanistischen Hilfsmitteln seiner Zeit, sondern auch mit Kommentaren anerkannter «Kirchenväter» und zum Teil auch mit Werken mittelalterlicher Exegeten arbeitete. In seiner letzten, 1535 begonnenen Vorlesung über die Genesis, das erste Buch der Bibel, die ihn bis zu seinem Tod beschäftigte, wird eine intensivere, freilich vornehmlich kritische Benutzung auch rabbinischer Schriftauslegung erkennbar. Aus zahlreichen Vorlesungen gingen Kommentare hervor, die Luther entweder selbst in den Druck gab oder die aufgrund von Hörermitschriften publiziert wurden. In den 1520er Jahren wählte er die alttestamentlichen Schriften, die er im Hörsaal behandelte, auch nach den Erfordernissen der Bibelübersetzung aus. Obwohl Luther in Übereinstimmung mit den führenden Humanisten eindeutig dem Literalsinn (*sensus literalis seu historicus*) gegenüber der Allegorese (*sensus allegoricus*) den Vorzug gab, verzichtete er auf diese, wo es ihm theologisch sinnvoll erschien, nicht, ja machte von ihr z. T. exzessiven Gebrauch. Luthers Bibelkommentare sind immer auch Aneignungen des biblischen Textes im Horizont seiner Gegenwart. Einige dieser Kommentarwerke, etwa der sogenannte kleine Galaterkommentar (1516/17; gedr. 1519), der große Galaterkommentar (1531, gedr. 1535), seine zweite Psalmenvorlesung (*Operationes in psalmos*, 1519–1521) oder die Genesisauslegung wurden für die zeitgenössischen Leser oder die nachfolgenden Generationen lutherischer Theologen zu Schlüsseltexten ihrer intellektuellen Sozialisation. Die in der Lutherforschung aufgrund der Manuskriptfunde seit Beginn des 20. Jahrhunderts ins Zentrum des Interesses gerückten frühen Vorlesungen (erste Psalmenvorlesung [*Dictata super Psalterium*, 1513/14]; Römerbrief [1515/16]; Hebräerbrief [1517/18]) wirkten hingegen in ihrer Zeit nur auf diejenigen ein, die sie gehört hatten. Weitergehende rezeptionsgeschichtliche Rückschlüsse lassen sie kaum zu. Die Kontinuität seiner pastoralen wie seiner akademischen Tätigkeit schützte Luther in einigen Lebensphasen davor, sich ganz im polemischen Tagesgeschäft aufzureiben, und sicherte insbesondere die Grundlagenarbeit an der Bibelübersetzung und ihrer Revision.

Die Universität Wittenberg war ein besonderer Ort. Sie lag, wie auch Luther bewusst war, abseits der zeitgenössischen Macht-, Handels- und Kulturmetropolen, «am Rande der Zivilisation» (WATr 2; 669,12). Diese exzentrische Lage der etwa 2000 bis 2500 Einwohner zählenden, neben Torgau zweiten Residenzstadt der ernestinischen Wettiner ist für die Geschichte Luthers und der deutschen Reformation ebensowenig gleichgültig gewesen wie die Tatsache, dass die Universität erst 1502 neu gegründet worden war. Überragende Autoritäten und verpflichtende Traditionen gab es hier zu Beginn von Luthers Lehrtätigkeit nicht. Der regierende Landesherr Kurfürst Friedrich hatte mit seiner Neugründung ehrgeizige Ziele verfolgt; sie stand von Anfang an in einem besonderen Konkurrenzverhältnis zur alten, nun im albertinischen Territorium gelegenen sächsischen Landesuniversität Leipzig (gegr. 1409), aber auch zur städtischen Universität im kurmainzischen Erfurt (gegr. 1392). Die kursächsische Schutzpolitik gegenüber dem im Zuge des Ablassstreits berühmt gewordenen Wittenberger Theologieprofessor Luther diente auch handfesten universitätspolitischen Zielen, denn seit 1517/18 stiegen die jährlichen Immatrikulationszahlen deutlich (1517: 242; 1518: 273), seit 1519 sogar sprunghaft (1519: 458; 1520: 579) an. Wittenberg überflügelte im Hinblick auf die Studentenzahlen bald alle anderen Universitäten des Reiches und hielt sich während der gesamten Lebenszeit Luthers, ungeachtet konjunktureller Schwankungen, denen alle deutschen Universitäten mehr oder weniger stark ausgesetzt waren, auf dieser Höhe. Während alle übrigen Universitäten durch die Reformation in tiefgreifende und zum Teil langwierige Existenzkrisen getrieben wurden, band die traditionslose Leucorea – so der griechische Name für Wittenberg – die zukünftigen evangelischen Funktionseliten in Kirche und Gesellschaft in einem solchen Maße an sich, wie dies keiner deutschen Universität vorher möglich gewesen war. Die Gründe dafür lagen natürlich nicht allein in der Person Luthers. Seit den 1520er Jahren war es sogar vielfach so, dass man wegen Luther kam, aber vor allem wegen Melanchthon blieb. Denn dieser leistete in der artistischen und in der theologischen Fakultät als Lehrer, Organisator und Studienreformer die maßgeblichen Beiträge zum Aufbau eines reformatorischen Studienprogramms. Luthers Verdienst um den Aufbau eines reformatorischen Studienbetriebs bestand wohl vor allem darin, dass er die Begabung des 1518 auf eine Griechischprofessur nach Wittenberg berufenen 21-jährigen Gelehrten erkannte, mit ihm in Sachen Studienreform zusammenarbeitete und ansonsten Melanchthons schöpferischer «hochschuldidaktischer» Phantasie freie Entfaltung ermöglichte. Die Etablierung der griechischen und der hebräischen Sprachstudien, die in Wittenberg als erster deutscher Universität überhaupt gelang, machte die hohe Schule in der sächsischen Kleinstadt zur modernsten Universität im Reich und besiegelte den engen Zusammenhalt von «Humanismus» und «Reformation» auch über das Zerwürfnis zwischen Luther und Erasmus hinaus. Mit der führenden Rolle, die Wittenberg unter den zeitgenössischen Universitäten erlangte, war das entscheidende Fundament für die personalpolitische Durchsetzung und Implementierung der «neuen Lehre» innerhalb und außerhalb Kursachsens gelegt.

Die universitätsgeschichtliche Sonderrolle, die Wittenberg im Zuge der Reformation gewann, machte die Leucorea bis ins 17. Jahrhundert hinein zum intellektuellen Zentrum des lutherischen Protestantismus. Sie war auch dadurch begünstigt worden, dass die noch junge Universität anfangs überwiegend junge Dozenten verpflichtet hatte. Die relative generationelle Geschlossenheit der Lehrenden, der Profilierungsdruck der Neugründung, aber auch die Erwartungen der Studenten, die sich für eine noch namenlose Universität entschieden hatten, erzeugten eine produktive Spannung, beförderten den kollegialen Austausch und eröffneten neuartige Beziehungsformen zwischen den Professoren und ihren Studenten. Als Luther und Karlstadt zum argumentativen Kampfspiel mit dem profilierten Ingolstädter Kollegen Johann Eck nach Leipzig zogen (Leipziger Disputation, Sommer 1519), wurden sie nicht nur vom amtierenden Rektor ihrer Universität und einigen Kollegen, sondern auch von einem Stoßtrupp aus circa 200 Wittenberger Studenten begleitet. Die Auseinandersetzungen um Luther berührten die «korporative Identität» der Wittenberger Universität als ganzer, und ihre Studenten setzten sich für die Professoren sogar mit zum Teil zweifelhaften, handgreiflichen Mitteln ein. Luther distanzierte sich davon. Für die Dynamik der frühreformatorischen Bewegung dürfte den Studenten immerhin eine durchaus zentrale Rolle zuzuschreiben sein: Durch ihre Mobilität trugen sie zur Verbreitung der neuen Ideen bei; durch ihre Begeisterungsfähigkeit wirkten sie als Multiplikatoren der «Lehre Luthers», indem sie auch an anderen Orten als Prediger und Agitatoren auftraten;

in Wittenberg selbst aber forderten und unterstützten sie, insbesondere in der Zeit von Luthers Wartburgaufenthalt, eine Radikalisierung der Aktionsformen zur Durchsetzung kirchlicher Neuerungen. Zeitweilig trug die Wittenberger Bewegung Merkmale einer Studentenrevolte oder einer zunächst von Intellektuellen ausgehenden Jugendbewegung. Sie scheint das historisch erste bekannte Beispiel dieser Art gewesen zu sein. Den Studenten gingen junge Professoren voran. Die aus dem Inneren der Kirche, der Theologie und der zeitgenössischen Wissenschaft kommenden Wittenberger Universitätslehrer, die den Aufstand gegen die Kirche initiierten und trugen, standen zumeist erst am Anfang ihres vierten Lebensjahrzehnts.

Die grundsätzliche gesellschaftliche Anerkennung, die Luther als Bettelmönch und Professor sicher war, trug wesentlich dazu bei, dass seine Stimme – zunächst bei den Gebildeten – Gehör fand. Auch in dieser Hinsicht war die Tatsache, dass die Reformation von der Universität ausging und ihre ersten Propagandisten Professoren waren, entscheidend. Luther war sich dieses Umstandes bewusst. Insbesondere sein theologisches Doktorat war ihm, zunächst gegenüber den «Papisten», später auch gegenüber den «Schwärmern» aus dem eigenen Lager, ein wichtiges Instrument, um seinen eigenen Autoritätsanspruch zu legitimieren. Für die Selbstinszenierung seines Wittenberger Kollegen, des Weltpriesters Karlstadt, der seine akademischen Titulaturen ablegte, sich mit dem grauen Rock und Filzhut eines Bauern bekleidete, sich als Ausdruck seiner Neubewertung des geistlichen Status des Laien als «neuer lay» bezeichnete und «Bruder Andreas» nennen ließ, hatte der ernste Bettelmönch nur Spott und Verachtung übrig. Anbiedereien gegenüber Studenten oder niederen Ständen widersprachen Luthers ständischen Ordnungsvorstellungen, die auf dem Glauben an die gottgegebene soziale Ungleichheit der Menschen basierten, zutiefst.

Die mit seinem Professorenamt und seiner Rolle als Prediger gegebene autoritative Distanz gegenüber denen, zu denen er zu sprechen, die er zu trösten und zu belehren hatte, wahrte er; wo sie von anderer Seite verletzt wurde, forderte er sie ein. Eine solche Verletzung widerfuhr ihm etwa während einer Visitationsreise, die ihn im August 1524 auf Veranlassung des Kurprinzen Johann Friedrich nach Ostthüringen geführt hatte. Die Region war unter den Einfluss Thomas Müntzers, besonders aber Karlstadts geraten, der sich infolge seiner Konflikte mit Luther 1523 auf eine Pfarrstelle in der Stadt Orlamünde im Saaletal zurückgezogen hatte. Das gemeindereformatorische Konzept, das Karlstadt dort praktizierte, sah eine starke Beteiligung der Laien vor, die sich auch um eine eigenständige Auslegung der Bibel bemühten und vor sichtbaren Eingriffen in das bestehende Kirchenwesen, etwa in Form gewaltsamer Bildentfernungen oder Klosterstürme, nicht zurückschreckten. Für Luther waren eruptive Maßnahmen dieser Art ein Akt der Lieblosigkeit gegenüber den «Schwachen», also denjenigen Gemeindegliedern, die im evangelischen Glauben noch nicht fest verwurzelt waren. Außerdem sah er darin politischen Aufruhr. Bei der Visite in Orlamünde verweigerte er einer Ratsdelegation die protokollarisch angemessene Ehrenbezeugung, indem er «sein rotzypffelich banneth [= sein Doktorenbarett] auf seinem hawbt» (WA 15; 342,8) ließ. In einem Brief hatten die Orlamünder Luther als «Bruder in Christo» bezeichnet. Empört erwiderte er im Gespräch: «ir gebet mir meinen titel [sc. das Doktorat] nicht, den mir doch etliche fürsten und herrn, so meine feindt, geben und nicht abbrechen, darumb neme ich ewrn brieff für einen feindts brieff an» (WA 15; 345,12–14). In Szenarien dieser Art hoffte Luther, durch die formale Autorität seiner akademischen Würdestellung «Unordnung» überwinden zu können. Faktisch zeigte sich in Luthers Rollenspiel aber nichts anderes als das Eingeständnis einer nicht überbrückbaren Entfremdung zwischen der methodisch kontrollierten akademischen Bibelauslegung, wie er sie betrieb, und einer spontanen laientheologischen Bibelpraxis, die sich in ihrem Anspruch auf fromme Autonomie durch einen bornierten «Schriftgelehrten» und Repräsentanten des gesellschaftlichen und politischen Establishments nicht länger in die Schranken weisen lassen wollte. Erfahrungen dieser Art verhärteten Professor Luther, illustrieren aber auch seine Überforderung.

Die Verheerungen des Bauernkriegs und manche Erfahrungen, die er seit der Mitte der 1520er Jahre bei Visitationen sam-

melte, stärkten Luthers Überzeugung, dass klare hierarchische
Ordnungen ein Gebot Gottes und der politischen Vernunft
seien. Der schon von Müntzer, später von der marxistischen Re-
formationsforschung nachdrücklich kritisierte politische Konservativismus Luthers hatte freilich mit opportunistischer An-
passung des Gelehrten an die Großen und Mächtigen der Zeit
nichts zu tun. Er entsprach vielmehr seiner biblisch verwurzel-
ten Ordnungstheologie. Gott habe drei Stände zur Erhaltung
der Welt und zum Aufbau seiner Kirche gesetzt: den Lehrstand
(*status ecclesiasticus*), den Wehrstand (*status politicus*) und den
Nährstand (*status oeconomicus*). Dieses im Prinzip statische
Modell einer christlichen Gesellschaftstheorie gewährleistete
die Unterscheidung der Aufgaben der einzelnen Stände. Es ermöglichte aber zugleich, sie gemeinsam für die Kirche in die
Pflicht zu nehmen, und enthielt überdies Ansatzpunkte einer ge-
zielten Gesellschaftskritik: Wenn die einzelnen Stände die ihnen
gesteckten Ziele und Grenzen verfehlten, also zum Beispiel Ver-
treter des Lehrstandes politische Agitation betrieben oder Ver-
treter des *status politicus* die Evangeliumsverkündigung behin-
derten, war eine Verderbnis gottgewollter Ordnung gegeben,
gegen die einzuschreiten war. Luthers schöpfungstheologisch
begründeter Konservativismus war unter den politischen Bedingungen seiner Zeit eine «realistische» Option. Nicht nur sein eigenes Überleben, sondern auch den Erfolg seines reformatorischen Werkes verdankte das Haupt der Ketzerkirche schließlich
den weltlichen Obrigkeiten. Für utopische Gesellschaftsent-
würfe, die der Zeit nicht unbekannt waren, hatte Luther – sofern er sie überhaupt zur Kenntnis nahm – nichts übrig. Angesichts des nahen Jüngsten Tages galt es, die legitime Ordnung zu
bewahren, nicht eine neue zu schaffen.

Luthers Reformationskonzeption, die er aus der Autorität
des von ihm auf Katheder und Kanzel wahrgenommenen Lehramtes ableitete und entwickelte, sah die enge Zusammenarbeit
der politischen und kirchlichen Eliten vor. Die Unterweisung
der Pfarrer als wichtigster Multiplikatoren der reformatorischen Botschaft sollte vor allem über eine Beeinflussung ihrer
Predigttätigkeit erreicht werden. Durch seine Auslegungen der

Sonntagsperikopen, die er in seiner *Postille* vortrug, reformierte er die Kanzelrede im reformatorischen Sinne. Die theologische Grundbildung der Pfarrer sollte mithilfe des sogenannten *Großen Katechismus* sichergestellt werden. Im Rahmen der Visitationen hatte Luther besonders in den Jahren 1528/29 die Erfahrung gemacht, dass manches im Argen lag und ein Bedarf an praxistauglicher reformatorischer «Gebrauchsliteratur» bestand. Doch auch der im Auftrag der weltlichen Obrigkeit agierende Visitationskommissar Luther blieb Prediger und Professor: Er formulierte die «wahre Lehre» in einer Weise, die die vielfach noch wenig gelehrten Pastoren der ersten reformatorischen Pfarrergeneration und ihre Gemeinden nutzen und sich aneignen konnten. Mit dem *Kleinen Katechismus* (1529) setzte er ganz unten, an der Basis, bei den Kindern und den «Einfältigen», an. Die Zehn Gebote, das Vaterunser und das Glaubensbekenntnis, die heiligsten Elementartexte der Christenheit, die Luther auf die Lebenswelt seiner Gegenwart hin auslegte, wurden die «eiserne Ration» christenmenschlicher Existenz. In der Zuspitzung der christlichen Lehre auf *meinen* Gott, *meinen* Glauben, *mein* Heil sollten gelehrter und gelebter Glaube, der Glaube Luthers und der evangelischen Christenheit, zusammenkommen.

4. Gottes Schöpfung
und die politische und bürgerliche Ordnung der Welt

In der Welt des verdammten Ketzers Luther waren die bergenden Sicherheiten, die sich aus der monastischen Lebensordnung und der kirchlichen Tradition ergaben, hinfällig geworden. Das Wort Gottes, die persönliche Glaubensgewissheit und die Legitimität seines Amtes hatten die Sicherheiten seiner «alten» Welt zerstört und ermöglichten doch zugleich die Orientierung in einer «neuen» Welt, in der er innerlich frei und äußerlich vogelfrei, d.h. lebensgefährlich bedroht, war. Dass er außerhalb des territorialen Schutzraumes Kursachsens jedermanns Lynchjustiz preisgegeben war, grenzte seine Mobilität für das letzte Vierteljahrhundert seines Lebens empfindlich ein. Doch auch in

Wittenberg hatte er Angst vor Mordanschlägen, denn er hatte
viele Feinde und glaubte, noch viel mehr zu haben. Auch nach
den Maßstäben der Gelehrten seiner Zeit lebte Luther in einer
engen, nicht aber in einer verschlossenen Welt.

Die außereuropäischen Entdeckungen etwa, die bereits in der
Zeit seiner Kindheit gemacht worden waren und denen im
Rückblick eine welthistorische Bedeutung zuerkannt wird, interessierten ihn wenig. Von der durchaus reichhaltigen einschlägigen Reise- und Berichtsliteratur nahm er kaum Notiz. Die öko-
nomischen Auswirkungen der gewaltigen spanischen und portu-
giesischen Goldimporte aus Lateinamerika auf das europäische
Wirtschaftsleben blieben Luther hingegen nicht verborgen. Sein
an der Warentauschökonomie orientiertes Bestehen auf einem
gerechten Preis und maßvollen Zinssätzen zielte darauf ab, gegen die schrankenlose Kapitalakkumulation der großen Fern-
handelsgesellschaften wie der der Fugger in Augsburg den Maßstab der christlichen Liebe zur Geltung zu bringen. Die fernen
Welten interessierten Luther also primär wegen ihrer Auswirkungen auf die eigene Lebenswelt und die der ihm anvertrauten
Gemeinde. Diese Grundhaltung bestätigte sich auch in Luthers
Umgang mit Nachrichten aus fremden Welten wie dem Osmani-
schen Reich oder den Juden «in der Nachbarschaft», Welten
also, die der eigenen Lebenswelt bedrohlich nahe kommen
konnten oder tatsächlich nahe waren. Luther zeigte hier entschieden größeres Interesse an dem Fremden als bedrohlicher
Wirklichkeit und beteiligte sich sogar an der weiteren Verbreitung ihm bekannt gewordener einschlägiger Literatur. Denn es
galt, vor den bedrohlichen Anstürmen der Türken oder der vermeintlichen Heimtücke der Juden zu warnen. Von seinem Amts-
verständnis her fühlte sich Luther dazu verpflichtet, denn er war
überzeugt, dass er vor seinem Richter für die ihm anvertrauten
Seelen werde Rechenschaft ablegen müssen.

Luthers «mentale Welt» war weder auffallend weit noch
übermäßig eng. Sie war in einer Intensität von der Bibel bestimmt wie wohl bei kaum einem Theologen vor ihm. Für die
im Rückblick als revolutionär geltende astronomische Theorie
des Nikolaus Kopernikus etwa, die das heliozentrische Weltbild

begründete, brachte Luther kein Verständnis auf. Er sah darin nichts anderes als eitle Gefallsucht: «Wer do wil klug sein, der sol ihme nichts lassen gefallen, das andere achten; er mus ihme etwas eigen machen.» (WATr 4; 412,35–413,1) Außerdem habe Josua der Sonne befohlen, stillzustehen (Jos 10,12), was gegen die Vorstellung spreche, die Erde bewege sich. In Urteilen dieser Art wird deutlich, dass Luther im Zweifel immer der Bibel recht gab und dass ihm die tief in der monastischen Tradition verwurzelte Warnung vor eitler und nichtiger Neugier (*vana curiositas*) in Fleisch und Blut übergegangen war. Gegenüber Erfindungen und Erkenntnissen hingegen, deren unmittelbarer Nutzen für die Menschheit evident war, war er aufgeschlossen und konnte sie sogar als Gottesgabe preisen. Dies galt natürlich vor allem für den Buchdruck, aber auch für Innovationen im Bereich des Gartenbaus, der Fischzucht, der Agrar- und der Bergbautechnik; gegenüber der Pharmakologie und der Medizin, sofern sie über die Diätetik hinausging, blieb Luther hingegen skeptisch. Einen Einfluss diätetischer Regeln auf die eigene Lebensführung ließ er nicht zu: «Ich eße, was ich mag, und sterb, wen[n] Gott wil.» (WATr 3; 627,11) Innerhalb der Rangordnung der drei höheren Fakultäten stand die Medizin für Luther selbstverständlich auf der niedrigsten Stufe, da sie nur den menschlichen Leib und Verstand und das zeitliche Leben betraf.

Gegenüber den Juristen, die sich zu Luthers Verdruss den Theologen, auch in der Universität, nicht unterzuordnen bereit waren, empfand er tiefe, wie es scheint im Laufe seines Lebens sogar wachsende Vorbehalte. Diese bezogen sich zunächst auf bestimmte Sachfragen, in denen Luther eindeutig von der Bibel aus optieren und entscheiden zu können meinte und andere Rechtsquellen verwarf. Dies war etwa bei den verbotenen Verwandtschaftsgraden bei Eheschließungen der Fall. Die Juristen, auch die protestantischen, sahen hier hingegen die Notwendigkeit, die Bestimmungen des kanonischen Rechts wieder in Gebrauch zu nehmen. Ähnliches galt für die heimlichen, ohne Zustimmung der Eltern eingegangenen Verlöbnisse, die das kanonische Recht und einige Juristen anerkannten, Luther aber unter Rekurs auf das Gebot des Gehorsams gegenüber den Eltern bekämpfte. Doch das Unbehagen des Reformators gegenüber den Juristen betraf nicht nur einzelne Kirchenordnungsfragen oder politische Richtungsentscheidungen, sondern war grundsätzlicher Natur. Ihre nüchterne oder berechnende «Weltklugheit», ihr Formalismus, ihre Neigung, bindende Regelwerke aufzustellen, behagten ihm nicht und widerstrebten seiner am Individuellen und Personalen orientierten Umgangsweise mit menschlichen Belangen. Als ihm beispielsweise von einem reichen Augsburger Bürger ein kostbarer Becher zum Gebrauch zugesandt wurde, der an diesem Vorgang beteiligte Jurist aber darum bat, die Schenkung zu quittieren, empfand er dies als unerträgliches Misstrauen: «Ich hab die ganz Welt schier voller Bücher geschrieben, und sie handeln mich als einen vir obscurus [d. i. Dunkelmann].» (Zit. nach WABr 9; 236) Im Kreis seiner Tischgenossen machte Luther seiner Empörung in heftigerer Weise Luft: «Ehe ich in [= ihnen] ein solche schrieft [d. i. Quittung] wolt stellen, ich wolt in [= ihnen] ehe[r] in becher scheißen und bissen [...]» (WATr 4; 564,21–565,1). Luther hielt Juristen zumeist für verschlagene, auf ihren Vorteil bedachte Leute, die andere aufs Kreuz legen wollten oder menschliches Vertrauen unterminierten. Sein Verständnis des Christseins als spontan aus dem Glauben erwachsener, unverstellter Hinwendung zum Nächsten war für ihn mit dem Beruf und der Geisteshaltung des Juristen im Grunde unvereinbar.

Weil Luthers Weltbild wesentlich von der Bibel geprägt war, war sein Blick besonders für konkrete Sachverhalte und Anschauungen offen. Für die Schönheiten der Natur etwa war er höchst empfänglich: «Die ganze Kreatur ist das schönste Buch oder Bibel, in denen Gott sich selbst beschrieben und abgemalt hat» (WA 48; 201,5), konnte er in seinem letzten Lebensjahr in einen Band mit Schriften des römischen Naturphilosophen Plinius notieren. In Predigten, Vorlesungen, auch Briefen Luthers fand die Natur immer wieder als Gleichnis Erwähnung. Mit der Kraft des Lichts verdeutlichte er etwa das Wunder von Christi leiblicher Gegenwart im Abendmahl; der Frühjahrstau diente ihm als Gleichnis für das Wirken des Heiligen Geistes; leckere Süßwasserfische oder die Geschicklichkeit seines Hundes Töl-

pel wurden ihm zum Anlass, Gottes Weisheit und Schöpfergüte
zu preisen; im Treiben der Dohlen und Krähen, die er während
seiner Zeit auf der Coburg beobachtete, imaginierte er die Vor-
gänge auf dem Augsburger Reichstag von 1530, an dem ihm,
dem gejagten Ketzer, teilzunehmen verwehrt war. Die Lektüre
im Buch der Natur erweiterte und bereicherte für ihn die im
Buch der Schrift und im Buch der Geschichte.

Luthers Welt war nicht in dem Sinne «eng», dass er sich per-
manent beengt gefühlt hätte. Im Gegenteil: Die religiöse Welt, in
der sich der Getriebene und Verdammte mit Hilfe des Evangeliums einrichtete, *seine* Welt, passte zu ihm, sie umgab ihn wie
ein Schutzraum, dessen er dringend bedurfte. Denn es war eine
präzis von Gott bestimmte, von Gottes Gegenwart in seinem
Wort, in Brot und Wein des Altarsakraments erfüllte Welt. In
Luthers Welt war Gott nicht außen vor, sondern nahe. Gott ist
für ihn nicht im Sinne einer Raum und Zeit umgreifenden, fernen, transzendenten Wirklichkeit von Interesse. Als ein solcher
ferner, verborgener Gott ist er nichts für uns, geht er uns nichts
an (WA 18; 605,20f). Der Gott Luthers, zu dem man sich «versehen sol alles guten und zuflucht haben ynn allen nöten»
(WA 30 I; 133,2f), ist ein Gott des Vertrauens und des Glaubens
des Herzens. Als solcher Vertrauen stiftender, naher Gott
schafft er Schutzräume seiner Gegenwart, engt er die feindliche,
bedrohliche Welt in heilsamer Weise ein.

Luthers weltbildhafter Konservativismus ist mit einem
schlechterdings revolutionären Gottesgedanken, der das in Himmel, Welt und Hölle geteilte Ordnungsmodell aufsprengt, verbunden: «Das Gott nicht ein solch ausgereckt, lang, breit, dick,
hoch, tieff wesen sey, sondern ein ubernatürlich unerforschlich
wesen, das zu gleich ynn eym iglichen körnlein gantz und
gar und dennoch ynn allen und uber allen und ausser allen Crea-
turn sey [...]. Nichts ist so klein, gott ist noch kleiner, Nichts
ist so gros, Gott ist noch grösser, Nichts ist so kurtz, Gott ist
noch kürtzer, Nichts ist so lang, Gott ist noch lenger, Nichts ist
so breit, Gott ist noch breiter, Nichts ist so schmal, Gott ist
noch schmeler und so fort an, Ists ein unaussprechliche wesen
uber und ausser allem, das man nennen odder dencken kann.»

(WA 26; 339,33–36.39–340,2) Dieser von Gott umfangene, religiös heilsam begrenzte Kosmos ist *Schöpfung*, und zwar nicht nur im Sinne des uranfänglichen Ins-Sein-Rufens dessen, was nicht ist, sondern auch und vor allem im Sinne des immer neuen Erhaltens der Welt. Luthers Gottesgewissheit trug ihn in der Welt und ermöglichte ihm Weltorientierung, nachdem die Klosterwelt für ihn zerbrochen, der oberste Hirte der Christenheit, der römische Papst, als Christusfeind schlechthin, als Antichrist, erkannt war und auch die politischen Mächte unter der Ägide des Kaisers weniger Zu- als Misstrauen verdienten. Luthers in Anfechtungen immer wieder bewährte Gewissheit, dass Gott der Herr der Welt und der Geschichte sei, entsprang seinem Glauben und seiner Erfahrung, trotz aller Anstürme des Teufels, aller Verfolgungen, aller Feinde gerettet und um Christi willen getröstet zu sein.

Luther lebte nach der Beendigung seiner monastischen Existenz unwiderruflich «in der Welt», d. h. in der Sphäre des bürgerlichen Berufs und der gesellschaftlichen Verantwortung. Freilich war der «Auszug» aus dem Kloster im Falle Luthers besonders merkwürdig verlaufen. In einer für die reformatorische Klosterkritik bahnbrechenden Schrift (*De votis monasticis*, WA 8; 573–669) hatte Luther noch von der Wartburg aus den gesetzlichen Zwangscharakter lebenslang bindender Gelübde gebrandmarkt und damit eine Lawine von Klosteraustritten ausgelöst. Im Namen evangelischer Freiheit, die göttliches Recht und göttliche Gabe sei, hatte er das gewissensbeugende Diktat abgenötigter Gelübde zerbrochen und eingeschärft, dass die in der Taufe begründete Verpflichtung gegenüber Gott das einzig bindende Gelübde jedes Christenmenschen sei. Dieses Pathos der evangelischen Freiheit beseitigte theologisch die monastische oder priesterliche Aristokratie und begründete die religiöse Egalität der freiheitsberechtigten und zur Freiheit verpflichteten Gemeinde der vor Gott Gleichberechtigten. Als freiwillige Lebensform wollte er dem Klosterleben auch weiterhin sein Recht lassen. Für Luther war gerade dies eine Bewährung der Freiheit; seine Kritiker warfen ihm freilich Inkonsequenz vor. Luthers lebenspraktische Paradoxie bestand vordergründig darin, einer-

seits zum maßgeblichen Befreier der Mönche und Nonnen geworden zu sein, andererseits weiterhin, in der Öffentlichkeit
sogar bis Oktober 1524, im Ordenskleid aufzutreten und äußerlich scheinbar unverändert im Augustinerkloster Wittenbergs zu
leben. Ungeachtet der welthistorischen Erschütterungen, die Luther auslöste, haben sich seine Wittenberger Adresse und die elementaren lebensweltlichen Koordinaten seines Alltags zwischen
1512 und 1546 nicht geändert. Doch seit sich Luther selbst nicht
mehr als Mönch verstand, lebte er nicht mehr in der religionskulturellen Sonderwelt des Klosters, sondern in der bürgerlichen
Gesellschaft.

Dass Luthers Verständnis des weltlichen Berufs und der Gesellschaft mit anderen «Weltanschauungen» unversöhnlich zusammenprallte, prägte die dramatischsten Phasen seiner Lebensgeschichte. Ein besonders heftiger Zusammenstoß dieser
Art ereignete sich im *Bauernkrieg*, jenem weiträumigen militärisch-politischen Szenario der Jahre 1524/25, das aus heutiger
Sicht als revolutionärer Aufstand des «gemeinen Mannes» gilt.
Für Luther kam der Bauernkrieg erst relativ spät in den Blick,
und zwar primär in einem bestimmten Ausschnitt und aus der
Perspektive persönlicher Anschauungen, die er im thüringisch-
sächsischen Aufstandsgebiet gewonnen hatte. Vom Ausmaß des
Gesamtereignisses, das weite Teile des Alten Reichs erschütterte, hatte er schwerlich einen klaren Begriff und konnte ihn vielleicht nicht einmal haben. Dies wurde aber in fataler Weise entscheidend, weil Luther eben Luther war, und das heißt: Sobald
er öffentlich agierte, erreichte das, was er sagte, überregionale
Bedeutung und ein reichsweites Publikum, unabhängig davon,
ob die Grundlagen seiner Äußerungen beschränkt waren oder
nicht.

In Luthers Biographie, aber auch in der deutschen Reformationsgeschichte als Ganzer, markiert der Bauernkrieg eine tiefgreifende Zäsur. Die volkssprachliche Flugschriftenpublizistik
und damit der Anteil der Literaten aus dem Laienstand an den
zeitgenössischen Debatten ging signifikant zurück. Mit dem
Bauernkrieg rückte die Frage der militärischen Gewalt im Zusammenhang mit der Religion bedrohlich in den Vordergrund

und blieb als Schlüsselthema des Zeitalters präsent. Luther verlor beim einfachen Volk, das seine Forderungen nach sozialer
Gerechtigkeit gemäß dem göttlichen Recht mit dem Kampf der
Wittenberger für die Freiheit des Evangeliums gleichgesetzt hatte, an Rückhalt. Nichts hat Luthers Ansehen bei den aufständischen Bauern und ihren städtischen Sympathisanten so sehr be-
schädigt wie seine Publikationen im Bauernkrieg. Dies war
auch deshalb besonders tragisch, weil Luther einer der wenigen
Intellektuellen seiner Zeit war, die grundsätzlich ein positives
Verhältnis zum Bauernstand hatten. Die etwa bei den Humanisten verbreitete Dünkelhaftigkeit gegenüber dem «tumben», töl-
pelhaften, groben Bauern war Luther von Hause aus fremd. Die
Aufwertung des Standes auch in der reformatorischen Publizistik, ausgehend von der literarischen Figur des Karsthans
(1521), des gewitzten, die eingebildeten Gelehrten rhetorisch
überflügelnden evangelischen Landmannes, wäre ohne Luther
undenkbar gewesen. Zur Tragik seines Popularitätsschwundes
bei den Bauern und anderen hat wesentlich beigetragen, dass
Luther deren Anliegen wohl zu einseitig im Lichte der apokalyptischen Reich-Gottes-Propaganda Thomas Müntzers, der die
Vernichtung der Gottlosen mit Waffengewalt auf seine Fahnen
geschrieben hatte, wahrnahm. Luthers beinahe obsessive Fixierung auf diesen Hauptfeind aus dem eigenen Lager verstellte
ihm den Blick dafür, dass die Wirkung von Müntzers Theologie
auf die Bauern kaum so durchschlagend war, wie er unterstellte.
Zu einer Zentralfigur des Zeitalters wurde Müntzer in den Auf-
standsjahren zwischen 1523 und 1525 vor allem deshalb, weil
Luther ihn dazu machte.

Unter dem Druck der Ereignisse veränderten sich Tonart und
Tendenz von Luthers Publizistik dramatisch. Die in seiner ersten gedruckten Äußerung zur Sache (*Ermahnung zum Frieden
auf die zwölf Artikel der Bauernschaft in Schwaben*, WA 18;
291–334) noch klar ausgesprochene Anerkennung der sozialen
Not des Bauernstandes und der Mitverantwortung der Fürsten,
Herren und geistlichen Prälaten für die Missstände trat in seinen weiteren Äußerungen nach und nach in den Hintergrund.
Er konnte darin, dass die Bauern das reformatorische Evange-

lium für ihre sozialen und politischen Forderungen in Anspruch nahmen, nur noch einen Missbrauch sehen. Seine Sache mit der der Bauern gleichgesetzt zu sehen, musste für ihn auch bedeuten, den Rückhalt bei den weltlichen Obrigkeiten, die bisher den Erfolg der Reformation sichergestellt hatten, aufs Spiel zu setzen. Zum anderen war Luther wohl unter dem unmittelbaren Eindruck der Gräuel, die die Aufständischen in Thüringen angerichtet hatten, zu dem Ergebnis gelangt, dass die Bauern von ihrer bisherigen Linie abgewichen seien und sich maßlos radikalisiert hätten. Dem Unwesen ihres Aufruhrs Einhalt zu gebieten erschien ihm deshalb als oberste Christenpflicht der weltlichen Gewalt. Freilich wissen wir nicht im Einzelnen, was Luther bei seiner Reise durch das Aufstandsgebiet tatsächlich gesehen und erlebt hat. Auch dass er in seinem Urteil von einseitigen Informationen und Interpretationen derer abhängig war, die im Umkreis der Mansfelder Grafen den militärischen Gegenschlag betrieben (WABr 3; 479–482), dürfte nicht ganz unwahrscheinlich sein. Eindeutig allerdings ist, dass er die ihn erschütternde Erfahrung gemacht hat, mit seinen Predigten bei den Bauern nicht durchzudringen. In Nordhausen etwa wurde er, als er auf den gekreuzigten Christus verwies und zur Duldsamkeit ermahnte, mit störendem Klingelgeläut verhöhnt (WATr 5; 657,14–18). Für die Rebellen, die er bei seiner Reise durch das thüringische Aufstandsgebiet zu erreichen versuchte, war er zu einem Repräsentanten der verhassten Ordnung geworden. Mit den ihm zu Gebote stehenden Mitteln des Wortes vermochte er die Bauern nicht mehr zu erreichen; das verbitterte ihn. Deshalb musste der Teufel am Werke sein. Luthers Pamphlet *Wider die räuberischen und mörderischen Rotten der Bauern* (WA 18; 357–361), das kaum vor Anfang Mai 1525 abgefasst und wohl allenfalls sehr kurz vor der entscheidenden Bauernkriegsschlacht von Frankenhausen am 15. Mai im Druck erschienen ist, bedeutete eine uneingeschränkte Lizenz zur brutalen Ermordung der Bauern. Luthers altgläubigen Gegnern fiel es leicht, den Wittenberger Reformator als Urheber des Aufstandes und Hauptverantwortlichen für die Tötung Tausender Bauern durch die schonungslos wütende Fürstenkoalition hinzustellen. Luther, der brillante publizistische Stratege, war in seiner aktuellen politischen Publizistik durch die Zeitereignisse selbst überrollt worden. Hatte der Appell zur Niederschlagung des Aufstandes noch als berechtigt erscheinen können, so musste sein Aufruf zur Tötung der Bauern und ihre Bewertung als religiös verdienstliche Tat als menschenverachtend gelten. Auch seine scharfe Kritik an einer unmäßigen Siegerjustiz blieb hinter seinen erregten Hasstiraden gegen die von Müntzer aufgehetzten Bauern zurück (*Ein Sendbrief von dem harten Büchlein wider die Bauern*, WA 18; 384–401). Dass er die Mörder von Frankenhausen als «wütige, rasende und unsynnige tyrannen» (WA 18; 400,24), «bestien» (Z. 36) und Säue beschimpfte und ihnen die Demütigung der schwangeren Witwe des Bauernführers Müntzer vorwarf, nahmen nur noch wenige Zeitgenossen wahr. Indem sich Luther dazu hatte hinreißen lassen, ohne jedes strategische Kalkül die Rolle des politischen Agitators zu spielen, hatte er sich selbst überfordert und den Bogen überspannt.

Aus Luthers Bauernkriegspublizistik, die ein moralischer und theologischer Tiefpunkt seines Wirkens war, zu folgern, der in seine Lebenswelt eingespannte Theologieprofessor sei politikunfähig gewesen, wird dem Reformator allerdings nicht gerecht. Eher das Gegenteil ist der Fall. Denn der Erfolg der von Luther initiierten Reformation verdankte sich in nicht geringem Maße dem Umstand, dass es ihm gelungen war, bei den politischen Verantwortungsträgern in Stadt und Land Vertrauen zu gewinnen und zu überzeugen. Luthers erfolgreichste Flugschrift überhaupt, *An den christlichen Adel deutscher Nation* (WA 6; 404–469) aus dem Sommer 1520, aber auch andere programmatische Texte der frühen 1520er Jahre (u. a. *Von weltlicher Obrigkeit*, 1523; WA 11; 245–281 und *Ob Kriegsleute auch in seligem Stande sein können,* 1526; WA 19; 623–662) hatten grundlegende Klärungen zum Verhältnis von Evangelium und Politik, von «Kirche» und «Staat» gebracht. Luther hatte dies mit einer für viele Zeitgenossen plausiblen Kritik an der zeitgenössischen Papstkirche verbunden und dabei die auf den deutschen Reichstagen seit dem späten 15. Jahrhundert be-

Kurfürst Johann Friedrich von Sachsen im Kreise der Wittenberger
Reformatoren und seiner politischen Berater. Links neben dem Fürsten steht
Luther, etwas hinter diesem Georg Spalatin, der Sekretär des Kurfürsten
und wichtigste Verbindungsmann nach Wittenberg; rechts vom Fürsten
sind sein Kanzler von Brück sowie (ganz rechts) Philipp Melanchthon zu sehen.
Ölgemälde von Lucas Cranach d. Ä., 1532/35 (Toledo/Ohio, Museum of Art)

ratenen und verabschiedeten *Gravamina nationis Germanicae*, die Anklagepunkte der deutschen Nation gegenüber Rom, breit aufgenommen. Das Papsttum, so teilte Luther allen politischen Verantwortungsträgern im Reich mit, habe die ihm gebotenen geistlichen Aufgaben nicht wahrgenommen. Es habe stattdessen das Recht aller Christen, die Bibel auszulegen, an sich gerissen und sich auch über die weltlichen Obrigkeiten gestellt. In Luthers schonungslose Diagnose der kirchlichen Lage waren Kritikstereotypen eingeflossen, die seit dem Hochmittelalter bekannt waren. Bei den politisch Verantwortlichen konnte er dabei auf Zustimmung rechnen. Seine Diagnose wie seine Therapievorschläge basierten auf der Grundthese, dass die Kirche für das Seelenheil, der Staat aber für die äußere Ordnung zuständig sei. «Unordnung» entstehe dann, wenn sich der Staat religiöse Vollmachten anmaße oder die Kirche weltlich-politische Interessen verfolge. Denn Gott regiere Kirche und Staat mit je eigenen «Instrumenten» (Zwei-Regimenter-Lehre), die unbedingt zu unterscheiden seien: den Staat mit dem Schwert und dem Gesetz, die Kirche aber mit dem Evangelium. In der Notsituation, die angesichts der Verderbnis der Kirche unter dem Papsttum eingetreten sei, hätten die Laien im Allgemeinen, die mit einem politischen Amt beauftragten Herrschaftsträger im Besonderen das Mandat, ja seien dazu verpflichtet, eine Kirchenreformation durchzuführen. Dies sollte, so Luthers später nicht realisierte Vorstellung von 1520, am besten durch ein deutsches Nationalkonzil und eine Kirchenreform im Rahmen der deutschen Reichskirche geschehen. Der für Luthers politische Theoriebildung charakteristische Realismus einer Fundamentalunterscheidung von «Kirche» und «Staat», Religion und Gesellschaft, Glaube und Politik knüpfte an eines der bahnbrechenden Werke der abendländischen Geistesgeschichte, Augustins «Gottesstaat», an und bedeutete, dass zwischen ewigem Heil und irdischem Wohl – im recht verstandenen Interesse beider – zu unterscheiden sei.

Unter dem Druck der Ereignisse des Bauernkrieges und im Strudel seiner Fixierung auf die Gegnerschaft zu Müntzer war Luther nicht willens, die analytischen Potentiale seiner eigenen politiktheoretischen Einsichten voll zur Geltung zu bringen. Kritiker aus dem eigenen Lager sahen den Gottesgeist von ihm gewichen (vgl. WA 23; 282,28ff). Luther wusste: Müntzers Tod «ligt auff meim hals» (WATr 1; 195,19). Er hatte Müntzer mit der Schreibfeder getötet, weil dieser – wie er überzeugt war – seinen Christus töten wollte.

5. Christliche Gemeinschaft in der Welt

Eine solitäre Lebensform entsprach Luthers Person und seinem Glauben nicht. Im Grunde hat Luther sein ganzes Leben lang menschliche Gemeinschaft gesucht und in menschlicher Gemeinschaft gelebt, im Hausstand seiner Eltern, als Schüler, als Student, als Mönch, später als Hausvater im gemeinsam mit seiner Frau Katharina geleiteten «ganzen Haus» des ehemaligen Augustinerklosters. Zu diesem gehörten außer den Kindern das Gesinde, nähere und fernere Familienangehörige aus seiner und seiner Ehefrau Linie, Besucher, etwa 10 bis 20 Studenten als zahlende Gäste, zum Teil mit ihren Tutoren – insgesamt zwischen 35 und 50 Personen, kaum weniger als in der Zeit des Mönchtums. Die offene Wohn- und Kostgemeinschaft, oft ergänzt um Freunde und Kollegen aus der Stadt, trat bei den Mahlzeiten, bei Festen, zu Hausandachten und sonstigen Anlässen zusammen. An der aus dem Mönchtum übernommenen Sitte, bestimmte Zeiten des Tages für das Gebet freizuhalten, hielt Luther in Form einer freien, aber nicht unverbindlichen Empfehlung fest (*Eine einfältige Weise zu beten für einen guten Freund*, WA 38; 358–375). Während der Mahlzeiten wurde in seinem Haus gesungen, danach legte Luther gelegentlich einen Psalm aus. Das Augustinerkloster blieb also auch als evangelische «Hauskirche» ein exemplarischer Ort christlicher Frömmigkeit. Im *Kleinen Katechismus* unterbreitete Luther Vorschläge für die Gestaltung einer evangelischen Frömmigkeit (WA 30 I; 365ff), die ernsthaftes Christsein und entschiedenes In-der-Welt-leben miteinander verbinden wollte und sicher auch in seinem eigenen Hausstand erprobt und realisiert worden ist. Die nachhaltige Wirkung des *Kleinen Katechismus*,

der die Frömmigkeit des lutherischen Protestantismus bis ins
20. Jahrhundert hinein beeinflusste, dürfte auch in seiner lebensweltlichen Verwurzelung in Luthers eigener «Hauskirche»
begründet sein.

Ein Besucher des Lutherhauses mokierte sich in den frühen
1540er Jahren über die wunderlich gemischte Schar aus jungen
Mädchen, Studenten, Witwen und alten Frauen, die in dem
Haus lebten, und behauptete, viele Leute würden Luther wegen
der großen Unruhe bedauern. Dem Wohnideal des Gelehrten,
wie es konventionellem zeitgenössischem Habitus, Decorum
und «self-fashioning» entsprochen hätte, folgte Luthers Lebens-
stil nicht. Die auch nach den Maßstäben der Zeit «exzentrische»
Wohnsituation des ehemaligen Mönchs im ehemaligen Kloster
war der Lebensraum, das «Biotop», der soziale Körper, der den
in die Hölle verdammten Ketzer umgab, war sein «Himmel auf
Erden». Irgendwie muss er den Alltagstrubel, in dem geboren
und gestorben, gelacht, gebetet, geweint, gekocht, gebraut, tief-
sinnig diskutiert und gespielt wurde, gemocht haben. Darüber
geklagt hat er nicht; die «Macht», die äußeren Lebensformen zu
ändern, hätte er wohl gehabt. Doch die Möglichkeit eines soli-
tären Lebensstils, die sich ihm seit 1521/22 durchaus geboten
hätte, hat er – wie es scheint – nie ernsthaft in Betracht gezogen.
Er suchte und brauchte die menschliche Gemeinschaft.

Seine isolierte Situation in der Zeit des kurfürstlichen Ge-
wahrsams auf der Wartburg, die seine literarisch wohl produk-
tivste Lebensphase gewesen ist, war eine persönliche Leidenszeit.
Der Austausch mit vertrauten Menschen, Freunden, Kollegen,
Studenten, seiner «Gemeine», fehlte ihm; er litt an der Einsamkeit und zeigte – wie es scheint erstmals – psychosomatische
Erkrankungssymptome, die er als Heimsuchung Gottes oder
des Teufels, jedenfalls als persönliche «Kreuzesqual» (WABr 2;
354,27) empfand und deutete. Die gefahrvolle Entscheidung
Luthers, nach Wittenberg zurückzukehren, war für ihn durch die
«Schmach», die dem Evangelium «durch die Unsern entstanden» sei (WABr 2; 454,24), verursacht. Seine Verantwortung für
das Evangelium, das Luther – wie Paulus (Gal 1,11f) – «nicht
von Menschen, sondern allein vom Himmel durch unsern Herrn

Jesum Christum» (WABr 2; 455,41f) empfangen zu haben beanspruchte, konkretisierte sich in seiner Verantwortung für die Gemeinde derer, die an das Evangelium glaubten. Diese Verantwortung für die Gemeinde schloss die Verpflichtung ein, sie
vor Irrlehre zu schützen. Da das Evangelium für Luther öffentlich zu verkündigen ist und überall dort, wo es erschallt, Glauben an Gottes Versöhnung in Christus begründet, also Gemeinde, Kirche Jesu Christi, entstehen lässt, wohnt ihm der Bezug auf
die Mitchristen selbstverständlich inne. Luthers unmissver-
ständliche Absage an einen mystischen Heilsweg richtete sich gegen die als Selbstrechtfertigung abgelehnte Vorstellung, dass der
Mensch mittels der geistlichen Introspektion von sich aus ein
Verhältnis zu Gott aufbauen und ihm stufenweise näher kommen könne; zugleich und vor allem kämpfte Luther gegen den
privatistischen und solipsistischen Grundzug aller Mystik. Gerade Luther, der Apostel der persönlichen Glaubensgewissheit, für
den in «meinem», im je eigenen Glauben der Dreh- und Angelpunkt des Gottesverhältnisses und der Heilsgewissheit bestand,
betonte den Gemeinschaftsbezug der christlichen Existenz wie
kaum je ein Theologe vor ihm. Denn das Evangelium selbst stiftet Gemeinschaft und bedarf der Gemeinschaft, die dafür Sorge
trägt, dass es vernehmbar wird. Luthers Vorstellungen und theologische Leitgedanken von der Kirche gründen in seinem Verständnis des Evangeliums als Wort Gottes, das Gemeinschaft
stiftet und Beziehungen eröffnet.

Luthers Entscheidung gegen die religionskulturelle Sonderwelt des Klosters und des Priestertums war eine Entscheidung
für die Lebenswelt der Bürger, der Bauern, der adligen Herren,
der Weltlichkeit der Welt. Sie war zwar theologisch grundsätzlich mit seiner Entdeckung des Glaubens an Gottes Zuspruch,
Gottes Evangelium gefallen, wurde in seiner eigenen Lebensgeschichte in praktischer und sichtbarer Weise aber erst in der Zeit
des Bauernkrieges vollzogen. Sie war nicht das Ergebnis langfris-
tiger reformationsstrategischer Planungen. Für Luther selbst,
aber auch für die Reformation war seine mit der Heirat der jungen entlaufenen Nonne Katharina von Bora am 13. 6. 1525 voll-
zogene Entscheidung «für die Welt» ein Glücksfall. Dass er in

einer Zeit grundstürzender Erschütterungen, als die Welt auf
dem Kopf stand, sein privates Glück zu suchen schien, oder – wie
seine altgläubigen Kritiker mit zölibatär-verklemmtem Hochmut höhnten – seine Wollust auslebte, empfanden nicht nur Kritiker wie Erasmus, sondern auch Vertraute wie Melanchthon als
frivol oder doch wenigstens unklug. Luther selbst wusste, dass
der Zeitpunkt kaum günstig war: Sich auf dem Tiefpunkt seiner
Popularität noch mit dem allfälligen Verdacht sexueller Trieb-
haftigkeit zu belasten, musste den Nimbus der Heiligkeit, der
sich um seine Person, den frommen Mönch, den martyriumsbe-
reiten Gelehrten, den unerschrockenen Prediger, gelegt hatte,
ernsthaft gefährden. Natürlich ist nicht auszuschließen, dass
auch Luther Sehnsucht nach Zweisamkeit empfand; auch daraus, dass er seinen Leib und sein Geschlecht spürte, nicht Holz
und Stein sei – mithin das Projekt der monastischen Selbstabtö-
tung an ihm gescheitert war –, hat er kein Hehl gemacht
(WABr 3; 394,22f). Auch der Wunsch seines Vaters nach Nach-
kommenschaft war ihm präsent geblieben. Gleichwohl hatte er
die Möglichkeit einer Eheschließung, deren christliche Legitimität er mit durchschlagendem Erfolg erwiesen hatte, für seine
Person immer wieder, zumeist mit Hinweis auf das drohende
Martyrium, zurückgewiesen. Erst unter dem belastenden Druck
des Sommers 1525, im Angesicht des Bauernkriegsdebakels, des
kräftezehrenden, ihn weitere Anhänger kostenden Streites mit
Erasmus und des offenkundig gewordenen Bruchs im eigenen
Lager, der mit der Entstehung des Täufertums und dem Abend-
mahlsstreit mit Zwingli, dem Basler Reformator Oekolampad
sowie seinen Straßburger Anhängern Bucer und Capito eingetreten war, war Luther innerlich frei, sich selbst ganz an die Welt zu
binden oder – wie er in Anspielung auf den Namen seiner Frau
formulierte – sich an die Kette (*catena*) legen zu lassen (WABr 3;
549,11; WATr 4; 602,2; 641,11; WABr 5; 7,2). Wenige Wochen
nach der Hochzeit teilte er seinem Freund und ehemaligen Ordensbruder Wenzeslaus Linck, der ein Jahr vor ihm geheiratet
hatte, nicht ohne Hintersinn mit: «Ich bin an Kethen gebunden
und gefangen, und liege auf der Bore, scilicet mortuus mundo
[d. h. bin der Welt gestorben]» (WABr 3; 549,10–12). Gerade

dadurch also, dass Luther sich ganz und gar auf die Ehe und die im Papsttum verteufelte Sexualität einließ, zerstörte er die Unterscheidung von laikal-bürgerlicher und religiöser Sphäre und löste so – paradox und ironisch – das höchste Ziel seines mönchischen Strebens, nämlich der Welt zu entsagen und abzusterben, ein.

Luthers unzeitige Eheschließung mit einer Frau, die er zunächst nicht liebte, nach der er sexuell nicht verlangte («brannte»), die er aber immerhin sogleich gemocht (WABr 3; 541,8) hat, dürfte vielleicht auch als eine Art prophetische Zeichenhandlung zu verstehen sein. So wie der Prophet Hosea eine Hure geheiratet hatte, um Israel Gottes Verwerfung zeichenhaft zu vergegenwärtigen (Hos 1), so heiratete Luther eine heilige Nonne, um seine Freiheit in Gottes Gnadenordnung zu symbolisieren und Gottes Gericht über die verlogene, scheinheilige Welt der Papstkirche anzuzeigen. In einer nachträglichen Deutung seiner Eheschließung, die er einige Monate später gegenüber einem Mann abgab, der wegen seiner eigenen, nach dem kanonischen Recht illegitimen Ehe angefochten war, stellte Luther fest: «Ich habe auch eine Nonne zur Ehe genommen, obwohl ich darauf hätte verzichten können und ich keine besondere Ursache dazu hatte, außer daß ich es dem Teufel mit seinen Schuppen, den großen Hansen, Fürsten und Bischöfen zum Trotze getan habe, die schlichtweg unsinnig werden wollten, daß geistliche Personen frei sein sollen. Und ich wollte gern noch mehr Ärgernisse anrichten, wenn ich nur noch mehr wüßte, was Gott gefiele und sie verdrösse, denn damit kühle ich mein Mütlein an ihrem Toben gegen das Evangelium, damit sie zürnen; denn ich gebe nicht auf und fahre immer fort und treibe es umso toller, je weniger sie es wollen.» (WABr 4; 11,41–49) Dem in der Gestalt eines Moralapostels auftretenden Teufel, der den Schein falscher Heiligkeit verbreitete und die Lüge propagierte, dass der Mensch durch sittliche Anstrengungen und moralische Unfehlbarkeit vor Gott gerecht werden könne, trat das Enfant terrible aus Wittenberg mit dem prophetischen Trotz des Evangeliums, das die Weisheit der Welt zur Torheit macht, entgegen. Luthers Entscheidung für die Welt zielte auf eine Verweltlichung der Welt ab, also darauf, sie des falschen Scheins angemaßter Heiligkeit zu berauben. Sie war ein Aufstand des geweihten Priesters und ehemaligen Mönchs gegen eine Kirche, deren Herrschaft darauf basierte, das Leben in der Welt und die Betätigung im bürgerlichen Beruf im Namen einer Höherwertigkeit des geistlichen gegenüber dem weltlichen Stand zu disqualifizieren.

Luthers reformatorischer Entdeckung der Weltlichkeit der Welt, seiner Konversion vom Mönch zum Bürger, lag ein radikal egalistisches Verständnis des Christseins zugrunde: Vor Gott sind alle Christen in sich selbst Sünder und aus sich selbst heraus unfähig, Gott zu gefallen. Vor Gott sind aber alle Christen zugleich um des Glaubens willen gerecht. Vor Gott sind alle Christen Priester und allein aufgrund von Gottes Gnade in der Taufe zu seinem heiligen Volk erwählt. Durch das Evangelium sind alle Christen zu Geschwisterlichkeit befreit und befähigt, den anderen ein Christus zu werden. Mit dieser radikal egalistischen Lehre vom «allgemeinen Priestertum», die im Zentrum seiner Rechtfertigungslehre verwurzelt war, fegte Luther die Unterscheidung von Klerus und Laien als zweier Stände, die sich in Bezug auf ihr Gottesverhältnis qualitativ unterschieden, hinweg. Damit war eine kirchengeschichtliche Entwicklung, die bereits im 2. Jahrhundert begonnen hatte, an ihr Ende gekommen. Eine Höherwertigkeit des «geistlichen Standes» im Verhältnis zu Gott, eine größere Gottferne des weltlichen Berufes gab es im Protestantismus nicht mehr.

Diese im Verhältnis zur römisch-katholischen Amtstheologie radikale und revolutionäre Position, die Luther erstmals 1520, insbesondere in seiner «Adelsschrift», populär gemacht hatte, ermöglichte und legitimierte jene Entwicklungen laikalen Protestes, die Luther bald selbst über den Kopf wuchsen. Doch im Unterschied zu manchen, die sich später auf ihn beriefen und ihn des Abfalls von seinen früheren Idealen bezichtigten, war der Wittenberger Reformator von vornherein von der Notwendigkeit eines kirchlichen Amtes und einer geordneten Regelung, wie dieses zu übertragen sei, ausgegangen. Die Notwendigkeit eines Amtes der Wortverkündigung und der Sakramentsverwaltung ergab sich für Luther unmittelbar aus dem Charakter des

Evangeliums als Zuspruch des Heils, als Gnadenwort. Denn dieses Wort kann sich niemand selbst sagen; es muss ihm gesagt werden. Dazu bedarf es der Kirche, genauer: der Gemeinde der Gläubigen, die dieses Wort hört, in deren Kreis es wirksam wird, die durch das Wort immer wieder zum Glauben gebracht wird. In Luthers Sprachgebrauch trat das Wort «Kirche» gegenüber anderen Begriffen, die weniger stark mit institutionellen Konnotationen verbunden waren, in den Hintergrund. So sprach er bevorzugt von *communio sanctorum* (Gemeinschaft der Heiligen), Sammlung, Haufen, heiligem Volk, vor allem aber von «Gemeine» oder «Christenheit» als Gesamtheit aller Christen auf Erden, die – an keinen bestimmten Ort und keine besondere Verfassung gebunden – auf der ganzen Welt, auch unter dem Papst, dem Türken, überall, existierte.

Kirche ist für Luther die Gemeinschaft derer, die das Wort Gottes hören und glauben. Sie ist nicht an bestimmte rechtlich-institutionelle Gegebenheiten gebunden, wohl aber an elementare Vollzugsakte, die sie allererst begründen und immer wieder erneuern: die Predigt des Evangeliums und den Gebrauch der von Christus eingesetzten Sakramente Taufe und Abendmahl. Weil die christliche Gemeinschaft der Gläubigen aus dem Wort des Evangeliums entsteht und durch die äußeren Zeichen Taufe und Abendmahl sinnlich bekräftigt wird, kann nach Luther bereits ein in dieser Gemeinschaft stehendes Kind von sieben Jahren «wissen», was die Kirche ist: «Nemlich die heyligen gleubigen und die schefflin, die yres Hirten stymme hören. Denn also beten die kinder [sc. im Glaubensbekenntnis], ich gleube [eyne] heylige Christliche kirche.» (WA 50; 250,3) Kraft des allgemeinen Priestertums ist jedes Glied der Gemeinde prinzipiell berechtigt, die Funktion der Wortverkündigung und der Sakramentsverwaltung auszuüben, aber nicht jedes ist dazu gleichermaßen befähigt. Um Durcheinander und ungute geistliche Konkurrenz der Gleichberechtigten zu vermeiden, ist es sinnvoll, einer bestimmten Person «aus befel und verwilligung der andern» (WA 49; 600,14), also durch einen Delegationsakt, dieses Recht zu übertragen. Sollte dieser Amtsträger aus welchen Gründen auch immer seiner Aufgabe entledigt werden, tritt er

zurück ins Glied und ist ein normaler Mitbürger und Mitchrist
wie die anderen auch. Da die Gemeinschaft der Glaubenden auf
Wortverkündigung und Sakramentsverwaltung angewiesen ist,
ist sie eine sichtbare, empirische Größe in der Welt. Da aber das,
was das Wesen dieser Gemeinschaft ausmacht, der Glaube an
das Evangelium, sinnlicher Wahrnehmung entzogen und nur
Gott bekannt ist, ist sie zugleich nicht von dieser Welt, sondern
verborgen (WA 18; 652,23). Kirche ist also dort, wo das Evangelium verkündigt und im Glauben gehört wird; aber nicht alle,
die das Evangelium hören, glauben.

Die in Luthers Verständnis der Kirche als Gemeinschaft der
Glaubenden begründete Unterscheidung zwischen der sichtbaren Versammlung und der nur Gott bekannten Heilsgemein-
de hat die spezifische Kirchlichkeit der lutherischen Ketzerkirche geprägt. Denn auch in, mit und unter Kirchentümern, die
nach Maßgabe der evangelischen Lehre als verderbt zu gelten
hatten – etwa die Papstkirche –, sammelt Gott durch Wort und
Sakrament wahrhaft Glaubende. Die Grenzen der sichtbaren
Kirche sind nicht identisch mit den Grenzen der Heilsgemein-
schaft. Unbeschadet seiner Exkommunikation des Papsttums
und der Verdammung von dessen rechtlichen Grundlagen hat
der rechtmäßig verurteilte Ketzer durch sein Verständnis der
Kirche als Gemeinschaft der Glaubenden die theologischen Tü-
ren nicht verschlossen, die auch katholischen Christen den Weg
zum Heil eröffneten. Als Gemeinschaft der an das Evangelium
Glaubenden ist und bleibt die Kirche die Versammlung der ge-
rechtfertigten Sünder; sie ist und bleibt «Welt», die nur darin,
dass sie sich von Gott angenommen weiß, «heilig» ist. Eine ins-
titutionalisierte Heilsveranstaltung, wie es die Kirche war, die
Luther verketzerte, kann die evangelische Christenheit im Sinne
des Reformators niemals sein.

Seit den 1520er Jahren war Luther auf vielfältige Weise damit beschäftigt, den sich der Reformation anschließenden Städten und Territorien eine neue kirchliche Organisationsgestalt zu
geben. Die damit verbundene Verantwortung teilte er vielfach
mit seinen Wittenberger Kollegen, insbesondere Melanchthon
und Johannes Bugenhagen, dem Wittenberger Stadtpfarrer und

Superintendenten, der Luthers Beichtvater und engster geistlicher Vertrauter war und als Visitator und Kirchenorganisator
Norddeutschlands und Skandinaviens großen Einfluss gewann.
Durch den Zusammenbruch der Rechtsstruktur der römischen
Kirche und die Abschaffung des kanonischen Rechts in den protestantischen Territorien war ein immenser Regulierungsbedarf
entstanden. Die Wittenberger Stadtkirche und die Professoren
der Theologischen Fakultät wuchsen unter diesen Umständen
in den Rang einer obersten Aufsichts- und Ordinationsbehörde
für den evangelischen Pfarrstand im Reich und im Ausland hinein. Diese Position ergab sich vor allem aus dem Fehlen von Alternativen, speiste sich aber auch aus der Bedeutung Wittenbergs als Universitätsort und aus dem Charisma Luthers. Aufgrund seiner Erfahrungen bei Visitationen hatte Luther nach
und nach einen lebhaften Sinn für übergemeindliche kirchliche
Organisationsstrukturen und Verbindlichkeiten, etwa eine ein-
heitliche Amtsübertragung an die Geistlichen, die Ordination,
entwickelt. Als Ratgeber politischer Instanzen und als Seelsor-
ger einzelner Pfarrer wurden er und seine Kollegen regelmäßig
in Anspruch genommen. Gegenüber weltlichen Obrigkeiten,
die ihre evangelischen Pastoren «domestizieren» und zu bedin-
gungslosen Staatsagenten degradieren wollten, stärkte Luther
den Pfarrern regelmäßig den Rücken. Sein Strukturkonservati-
vismus, den er in Fragen der äußeren Kirchenorganisation an
den Tag legte, war letztlich darauf ausgerichtet, sozial verträg-
liche, gemeinschaftsdienliche Lösungen zu finden, auch, um
diejenigen Gemeindeglieder, die noch stärker am Herkommen
hingen, für das Evangelium zu gewinnen. Seine kirchenorganisatorischen Leistungen, die zum Teil nachhaltig fortwirkten, ak-
tualisierten sein bahnbrechendes Kirchenverständnis und setzten es im Rahmen einer Institution, d. h. eines auf historische
Dauer gestellten Kompromisses, um.

Der Gesamtbefund des kirchenorganisatorischen Wirkens
Luthers freilich blieb ambivalent, denn der eigentliche Impetus
seines radikalen Verständnisses der Christenheit als Gemeinschaft der Glaubenden war institutionell nicht abschließend zu
verwirklichen. Er konnte wirksam werden oder auch nicht: in

der Hausgemeinde, in der christlichen Ehe, in Versammlungen oder Begegnungen aller Art, überall da, wo es zum Glauben an das Evangelium und zu einer aus diesem Glauben fließenden Liebe kam. In der Vorrede zu seiner modellhaft gewordenen ersten volkssprachlichen Gottesdienstordnung, der *Deutschen Messe* (1526; WA 19; 72–113.667–669), bestimmte Luther das Verhältnis von Freiheit und Ordnung, Evangelizität und Institutionalität, nach Maßgabe der Nächstenliebe und der Ehre Gottes. Die christliche Freiheit dürfe nicht zu «eygener lust odder nutz», sondern solle «zu Gottis ehre und des nehisten besserung» (WA 19; 72,19) verwendet werden. Auch wenn der Gebrauch christlicher Freiheit «eym iglichen […] auff seyn gewissen gestellet» sei (WA 19; 72,20f), unterliege sie doch der Verantwortung für den Nächsten. Die «Christenliche fryheit» habe der «liebe und des nehisten diener» (WA 19; 72,18.23) zu sein. Deshalb sei die äußere Ordnung der Kirche, ihre Institutionalität, in Bezug auf das Gottesverhältnis des Christen belanglos, ja an «diser eusserlichen ordnung» sei «unsers gewissens halben fur Gott» «nichts gelegen» (WA 19; 72,27f). Um des Nächsten willen aber sei sie nützlich, da sie Konflikte zu regulieren, Erwartungen zu definieren, Umgangsformen einzuüben erlaube. Dadurch, dass der Reformator des öffentlichen Kirchenwesens der evangelischen Städte und Territorien die private Zusammenkunft derer, «so mit ernst Christen wollen seyn», als «rechte art der Euangelischen ordnunge» (WA 19; 75,3.5) bezeichnete, relativierte er das institutionelle und betonte das gemeinschaftliche Moment evangelischer Kirchlichkeit.

Auch in seinen geistlichen Dichtungen, die insbesondere für die Analphabeten zur wichtigsten Quelle evangelischen Glaubensbewusstseins und zum entscheidenden Ausdrucksmittel reformatorischer Gesinnung wurden, formulierte er das Christsein vornehmlich in der ersten Person Plural, etwa in der Gebetsbitte: «Gott der vater won uns bey und las uns nicht verderben | Mach uns aller sünden frey und helff uns selig sterben» (AWA 4; 236f). Oder in Form der sakramentalen Vergewisserung: «Wir essen und leben wol | yn rechten Ostern fladen | Der alte sawrteig nicht sol | seyn bey dem wort der gnaden.| Christus wil die koste seyn | und speysen die seel alleyn» (AWA 4; 196). Oder im Modus des zuversichtlichen Sieges: «Nun freudt euch, lieben Christengmayn | und last uns frölich springen | Das wir getrost und all in ain | Mit lust und liebe syngen» (AWA 4; 154). Wie der einzelne Christ, so ist auch die Gemeinschaft der Glaubenden, die evangelische Kirche im Sinne Luthers, nicht im Sein, sondern im Werden.

6. Luther, seine «Feinde» und seine Feindbilder

Christi «Feinde» sind auch seines Propheten Luther «Feinde». In seinem Kinderlied «Erhalt uns, Herr», das «wider die zween Ertzfeinde Christi» (1544/45) gesungen werden sollte, formulierte er unmissverständlich, wer die beiden «Feinde» sind, die die Christenheit von Kindesbeinen an kaputtzusingen und niederzubeten hat: «Erhalt uns, Herr, bey deinem Wort | Und steur des Bapsts und Türcken Mord, | Die Jhesum Christum, deinen Son | Wolten stürtzen von deinem Thron» (AWA 4; 304). Beider Feindschaft stand für Luther in einem endzeitlichen Horizont. Zu betonen, dass Luther durch apokalyptische Denkfiguren massiv geprägt war, Luthers Teilhabe an einer apokalyptischen Mentalität herauszustellen, sollte aber nicht bedeuten, seine Orientierung an bindenden Ordnungen zu relativieren. Im Gegenteil: Bei Luther bedingten und ergänzten sich apokalyptisches und ordnungstheologisches Denken und hatten ihren gemeinsamen Fokus im Papsttum. Denn das *Papsttum* fügt sich nach Luther nicht in die Drei-Stände-Ordnung (s. o. S. 83), die Gott in der Schöpfung begründet hat und durch die er die Welt regiert und erhält. Darin, dass die Päpste über die Kaiser herrschen wollen und den *status politicus* und den *status ecclesiasticus* in unheilvoller Weise durcheinanderbringen, wird offenbar, dass ihre ordnungszersetzende Herrschaft ein Zeichen der Nähe der Endzeit ist. Gottes Reformation hingegen richtet die gute Ordnung jetzt, kurz vor dem Ende der Zeiten, wieder auf. Wer Gottes Ordnung bejaht, muss das Papsttum, das außerhalb dieser steht, verachten oder bekämpfen. Das Papsttum und seit 1529 auch «der Türke» stehen im Brennpunkt der apokalyptischen Theologie Luthers.

Luthers reformatorische Entdeckung des päpstlichen Antichristen im historischen Umfeld seines Bannes dürfte es ihm erleichtert haben, die Erschütterung über seine Verketzerung in eine Strategie polemischer Gegenwehr zu überführen. Luthers in allen literarischen Formen und mit allen polemischen Steigerungsgraden, die ihm zu Gebote standen, geführter Kampf gegen das Papsttum hielt während des letzten Vierteljahrhunderts seines Lebens an und spitzte sich gegen dessen Ende hin in einer seiner letzten Schriften, dem knapp ein Jahr vor seinem Tod erschienenen Traktat *Wider das Papsttum zu Rom vom Teufel gestiftet* (1545; WA 54; 206–299), noch einmal tüchtig zu. Eine psychologisierende Deutung von Luthers Feindschaft gegenüber dem Papsttum, die die Tragik einer obsessiven Fixierung auf jene Instanz, die seine Person und sein Werk der ewigen Verdammnis übergeben hatte, betonte, griffe aber wohl zu kurz.

Das Papsttum ist für Luther von geschichtstheologisch zentraler Bedeutung. Es ist jene gottfeindliche Macht, die sich nach der Ankündigung einschlägiger apokalyptischer Texte der Bibel am Ende der Zeiten über alles erheben wird, was Gott oder Gottesdienst heißt. Sie wird sich in den Tempel Gottes setzen und vorgeben, Gott zu sein (2 Thess 2,4; Dan 11,31.36; Dan 9,27; Mt 24,15) – der Antichrist. Dadurch, dass in Luthers Gegenwart der Antichrist entborgen war, konnte die Nähe des Jüngsten Gerichts nicht mehr zweifelhaft sein und waren die «Zeichen der Zeit» lesbar: Ob der Aufschwung der Wissenschaften und der allgemeinen Kultur, ob der einem «farende[n] platz regen» (WA 15; 32,7) vergleichbare Siegeslauf des Evangeliums, ob das Druckwesen oder die ersten Märtyrer der Reformation, die Trübsal der verfolgten kleinen Schar der wahren Christen oder allerlei Phänomene der natürlichen, politischen und sozialen Lebenswelt: Alles deutet ihm auf eine Nähe des Jüngsten Tages hin. Entgegen der üblichen Gerichtsangst aber war der Jüngste Tag für Luther und die evangelische Christenheit nicht primär mit Schrecken verbunden, sondern mit der Gewissheit, dass der Triumph der wahren Kirche an ihm offenbar würde und er des-

halb ein «lieber jungster Tag» (WABr 9; 175,17) sein werde. Das
in seinem antichristlichen Charakter festgestellte Papsttum ist
für den Wittenberger Reformator zeitlebens die maßgebliche
geschichtstheologische Orientierungsmarke geblieben. Weil der
Papst als Antichrist erwiesen war, ergab sich der geschichtstheologische Standpunkt am Ende der Zeit gleichsam von selbst.
Dem Papst aber war Luther unverrückbar feind, weil dieser
Christus feind war. Die theologischen Grundlinien seiner Papst-
kritik blieben seit 1520/21 weitgehend konstant.

Bezüglich der *Türkenfrage* unterlag Luthers Position hingegen
einer gewissen Entwicklung, die mit der Brisanz der militärischen Bedrohung Europas (1526 Schlacht bei Mohács mit Sieg
der Truppen Suleimans I. über das ungarische Heer; 1529 Bela-
gerung Wiens) unmittelbar zusammenhing. Die mehrmalige intensive Beschäftigung mit der Türkenfrage im Umkreis des Jahres 1529 (*Vom Kriege wider den Türken*, WA 30 II; 107–148;
Heerpredigt wider den Türken, WA 30 II; 160–197; *Vorrede
zum Danielbuch*, WADB 11/II; 2–130) hat Auffassungen, die er
auch früher schon vertreten hatte, bestätigt, aber auch neue Klärungen erbracht. Zu seinen schon früh nachweisbaren Überzeu-
gungen in Bezug auf «den Türken» zählte, dass er in diesem zugleich einen Christusfeind und eine Zuchtrute Gottes sah, durch
die dieser die Ungerechtigkeiten der Christen, die diese selbst
nicht beseitigten, heimsuchte (WA 1; 535,35–39). Luthers Absage an den Gedanken eines Kreuzzugs gegen das Osmanische
Reich, die ihm von seinen Gegnern aus dem Papsttum – durchaus zu Unrecht – als Verzicht auf militärische Abwehrmaßnah-
men ausgelegt wurde, zielte darauf ab, «den Türken» und seinen
Herrn, den Teufel, vor allem durch Buße und Gebet zu bekämpfen. Der militärische Kampf gegen ihn sollte nach Luther ausschließlich als weltliche Angelegenheit begriffen und nicht religiös überhöht werden. Dass der Islam und seine religiöse Urkunde,
der Koran, den Luther auf der Basis einiger mittelalterlicher
Quellen und einer lateinischen Übersetzung selbst studiert und
dessen Druck in Basel er 1542/43 befördert hat, eine entschieden
anti-christliche, widergöttliche Angelegenheit sei, war für ihn
niemals zweifelhaft. Denn der Koran löse den Glauben an Chris-

tus durch die Bestreitung der Lehre von den zwei Naturen, der göttlichen und der menschlichen Natur Christi, und durch die Verleugnung des trinitarischen Dogmas auf (WA 30 II; 122,2–11). Er zerstöre die weltliche Ordnung durch die religiöse Legitimation von Raub und Mord; türkische Herrschaft sei deshalb keine «götlich ordenliche öberkeit» (WA 30 II; 123,35). Die islamische Polygamie leiste überdies der Sittenlosigkeit Vorschub. Wie der Papst der Antichrist, so sei «der Türke» «der leibhafftige Teuffel» (WA 30 II; 126,1f). Wie jeder der Feinde Christi und ihr Vater, der Teufel, so verstehe auch «der Türke» sich darauf, sich in einen «Engel des Lichts» zu verwandeln (2 Kor 11,14). Dies erreiche er, indem er den Eindruck strengen religiösen Eifers zu erzeugen vermöge – etwa in der Abkehr von anderen Göttern, in der Praxis strenger asketischer Sitten und eiserner Disziplin, z. B. in der Unterordnung der Frauen unter die Männer, des Volkes unter die Herrscher. Mit diesen nach Luther an sich beeindruckenden Verhaltensweisen – Ähnliches gilt für die Verwerfung der Bilder (WA 30 II; 128,22–25) oder die architektonischen Leistungen der Osmanen – erzeuge «der Türke» den schönen Schein seiner kulturellen Überlegenheit. Doch unter dem schillernden Glanz der Kultur sei seine abgrundtiefe Bosheit verborgen. Christen, die in der Gefahr stünden, unter osmanische Herrschaft zu geraten, seien deshalb nachdrücklich vor diesen Gefahren zu warnen und mit einer eisernen Ration katechetischen Grundwissens (WA 30 II; 186,1–14) auszurüsten.

Eine neue Erkenntnis in Bezug auf das Osmanische Reich gewannen Luther und seine Kollegen Jonas und Melanchthon 1529 durch die Deutung des apokalyptischen Buches Daniel, das fortan ein wichtiger Zeuge für das theologische Geschichtsdenken der Wittenberger bleiben sollte. Denn die in Dan 7 genannten vier Tiere deutete Luther, ähnlich wie einige altkirchliche Ausleger, als die Reiche der Assyrer, der Perser und Babylonier, Alexanders des Großen und seiner Nachfolger sowie schließlich der Römer. Die eigene Geschichte verlief für Luther wie für die Mehrheit seiner Zeitgenossen im Rahmen des vierten und letzten Weltreiches, des Imperium Romanum, das in der

Zeit Karls des Großen erneuert worden und auf den Westen
übergegangen war. Das vierte Tier hatte zehn Hörner, die Luther mit Königreichen innerhalb des Römischen Reiches identi-
fizierte. Unter dem zehnten Horn bildet sich nach Dan 7 ein elf-
tes heraus, das drei Hörner abwirft: Dies sei das Reich Moham-
meds, der sich Ägypten, Asien und Griechenland einverleibt
habe (WA 30 II; 164,4–167–12). Auch weitere bildliche Einzel-
züge des biblischen Textes konnte Luther auf diese Weise deu-
ten: Das Maul, das das Horn trägt, bedeute etwa die «grausamen lesterungen, damit der Mahometh Christum [...] gantz
auffhebt» und sich selbst über ihn stellt (WA 30 II; 168,24–26).

Dadurch, dass Luther den aktuellsten und bedrohlichsten
Feind der Christenheit, «den Türken», in der Bibel gefunden
hatte, war für ihn zur Gewissheit geworden, dass das Ziel der
Geschichte, das Jüngste Gericht, unmittelbar bevorstand. Die
Christenheit war in der verbleibenden Zeit Trübsal und Be-
drängnis ausgesetzt, um in mutigem Bekenntnis zu ihrem Herrn
auszuharren, das Evangelium zu bekennen und als «heiliger
Rest» in die ewige Seligkeit einzugehen. Auch wenn Luther die
Wiederkehr Christi zum Gericht in seiner eigenen Lebenszeit
nicht mehr erwartete, so hoffte er doch, dass der Herr die Leidenszeit seiner Kirche verkürzen werde. Innerhalb der nächsten
Jahrzehnte rechnete er fest mit dem Ende der Geschichte. Das
Danielbuch wurde ihm neben der Johannesapokalypse auch das
wichtigste biblische Hilfsbuch für die Abfassung einer chrono-
logischen Tabelle, die 1544 im Druck erschien (*Supputatio an-
norum mundi*, WA 53; 1–184). Darin ging er davon aus, dass
das Jahr 1540 dem 5500. Jahr seit der Erschaffung der Welt entspreche. Den von Luther in Übereinstimmung mit der Tradition
erwarteten Rahmen der Weltzeit von insgesamt 6000 Jahren
werde Gott um seiner Gerechten willen nicht ausfüllen. Eine
der Prophetien des Franziskaners Johannes Hilten, die Luther
offenbar besonders nachhaltig beeindruckt hat, schrieb er
mit Kreide an die Wand seiner Studierstube; sie kündigte die
vollständige Vernichtung Deutschlands durch das Osmanische
Reich für das Jahr 1600 an (WA 48; 284 [RV 133f]). Doch er
hoffte, dass das Jüngste Gericht vorher kommen werde, um die-

sem Leiden ein Ende zu machen. In der Nachfolge des Reformators blieb die lutherische Konfession in Deutschland bis in die
Zeit nach dem Dreißigjährigen Krieg besonders nachhaltig von
Endzeiterwartungen, die sich immer wieder einmal besonders
heftig artikulieren konnten, geprägt.

Die *Juden* waren für Luther, unter Aufnahme neutestament-
lichen Sprachgebrauchs, «Schlangengezücht» und «Teufelskin-
der». Seine sich obsessiv steigernde Judenfeindschaft, die vor
allem in seinem Spätwerk zum Ausdruck kam, war die dunkle
Kehrseite seiner Christusliebe, seines Rechtfertigungsglaubens,
seiner Deutung der Schrift. Denn Luther war von der Überzeugung durchdrungen, dass das Alte Testament von dem Messias
Jesus von Nazareth kündete und nur von dem Glauben an Christus her angemessen zu verstehen sei. Die messianischen Weissagungen des Alten Testaments zu leugnen wäre ihm als Verrat
an Christus und als Verlust der Heilsgewissheit erschienen. Insofern ist Luthers Judenfeindschaft, die in einen breiten Strang
frühmodernen Antijudaismus hineingehört, kein unwichtiger
Nebenaspekt seiner Theologie. In Luthers frühreformatorischen
Schriften dominierte die Tendenz, die Christen zum leidenden
Christus als dem alleinigen Grund ihres Heils hinzuführen und
sie von einer verbreiteten Frömmigkeitspraxis abzubringen, die
die Betrachtung der Passion Christi dazu missbrauchte, den Juden zu zürnen (WA 2; 136,3–10). Seine späteren Schriften waren
hingegen ganz von der Vorstellung durchdrungen, dass die Juden
in ihrem Gottesdienst Christus unablässig schmähten und den
Christen zu schaden versuchten.

Unter den euphorisierenden Erfahrungen des Siegeslaufs des
Evangeliums in den frühen 1520er Jahren rechnete Luther mit
der Möglichkeit, dass es zu nennenswerten jüdischen Bekehrun-
gen kommen werde. Denn nun wurde den Juden ja erstmals seit
Jahrhunderten das unverfälschte Evangelium gepredigt. Die
Diskreditierung Luthers und seiner Anhänger durch die Vertei-
diger der Papstkirche, die sie als «Judenfreunde» verunglimpf-
ten, aber auch ausbleibende Missionserfolge einer reformatorischen Glaubenspropaganda gegenüber den Juden, polemische
Schriften jüdischer Konvertiten, die Luther in seinem Glauben

an die Verstocktheit der Juden und ihre Christusfeindschaft be-
stärkten und ihm ein Zerrbild jüdischer Glaubenspraxis lieferten, schließlich der Kampf gegen eine christliche Hebraistik, die
seine Interpretation der messianischen Zeugnisse des Alten Testaments mit historisch-philologischen Argumenten relativierte,
steigerten Luthers Judenhass ins Unmäßige. Zuletzt sah er in
der Austreibung der Juden aus protestantischen Städten und
Territorien seine heiligste Pflicht.

Die Juden waren für Luther zeitlebens der Inbegriff eines verfehlten Gottesverhältnisses, bei dem der Gläubige durch eigene
Gesetzeswerke vor Gott gerecht zu werden versuchte. Dies verband die Juden mit den «Papisten», den «Türken» oder den
«Schwärmern» im eigenen Lager. Doch die Dämonie der Juden
ging seines Erachtens über die der anderen Christusfeinde hinaus, da sie die Zeugnisse vom Messias Jesus immer schon besessen, aber auf schuldhafte Weise falsch verstanden hatten. Dieses
Missverstehen konnte sich Luther nur durch die Verstockungs-
theorie erklären: Gott hatte die Juden verstockt, um an ihrer
Leidensgeschichte zu demonstrieren, wohin die Verleugnung
des wahren Messias führte, nämlich zu einer unsteten, flüchti-
gen, bedrohten, von Gott und den Menschen verstoßenen Existenz. Aus den Stimmen jüdischer Zeitgenossen zu Luther wird
deutlich, dass sie einen klaren Gegensatz zwischen dem «jungen» und dem «alten» Reformator, vor allem zwischen dem Luther des Jahres 1523 (*Daß Jesus Christus ein geborener Jude sei*,
WA 11; 314–336) und dem des Jahres 1543 (*Von den Juden und
ihren Lügen*, WA 53; 417–552) wahrnahmen. In Bezug auf die
konkreten judenpolitischen Optionen Luthers ist in der Tat eine
Entwicklung von der befristeten Duldung, die ihm zunächst
vorschwebte, zur traditionellen Austreibung unübersehbar.
Hinsichtlich seiner theologischen Einschätzung des Judentums
ist hingegen die Kontinuität unverkennbar: Es war für Luther in
keiner Phase seines Lebens Träger göttlicher Verheißungen, sondern eine überholte, von Gott selbst aufgehobene Religion
menschlicher Selbstrechtfertigung, die Christus entehrte.

Unter den zahlreichen Manifestationen des Teufels beschäf-
tigten Luther die «*Irrlehrer*» besonders intensiv. Die «Sautheo-

logen» aus der Kirche des Papstes waren in seiner Wahrnehmung ebensolche Diener des Teufels wie die Apostaten aus dem
eigenen Lager, die seines Erachtens die Schrift verfälschten. Luthers Gegnern zur «Rechten» wie zur «Linken» war gemeinsam, dass sie eigene Meinungen, Vernunftgründe oder traditio-
nelle Positionen des kirchlichen Lehramtes über das Schrift-
zeugnis stellten. «Schwärmerei» oder «Enthusiasmus» war für
Luther jede Form von menschlicher Selbstmächtigkeit und
religiöser Autonomie, die sich in Denken und Handeln nicht
vom äußeren Wort Christi in der Schrift, sondern von eigenem
Gutdünken und Fürwahrhalten leiten ließ. Luthers Glaubensgewissheit ließ in den Fragen, die das christliche Heil betrafen,
plurale Deutungen des biblischen Zeugnisses nicht zu. Wo er Indifferenz oder menschliche Rationalität in Bezug auf das klare
Zeugnis der Schrift, wie er es verstand, diagnostizierte, musste
der Teufel am Werk sein. Denn der Teufel drängt sich nach Luther zwischen Gott und den Menschen und kommt immer dann
zum Ziel, wenn er den Glauben an das Wort zu untergraben
vermag.

Luthers Bestehen auf dem Wortlaut der Abendmahlsüberlie-
ferung in der Auseinandersetzung mit Karlstadt, Zwingli und
anderen oberdeutschen und schweizerischen Theologen zielte in
diesem Sinne darauf ab, den Glauben an das Wort gegen eine
vernunftkonforme Auslegung aufrechtzuerhalten. Dass die Vorstellung, Christus sei leiblich in Brot und Wein anwesend, aller
menschlichen Vernunft widersprach, durfte seines Erachtens
nicht bedeuten, die Anstößigkeit des klaren Schriftwortes, das
eben lautet: «dies ist mein Leib», dadurch abzuschwächen oder
zu reduzieren, dass man es im Sinne von «das bedeutet meinen
Leib» oder «das bedeutet das Zeichen meines Leibes» oder ähnlich interpretierte. Der demonstrative Akt, mit dem Luther die
Einsetzungsworte Christi beim Marburger Religionsgespräch,
das 1529 der Überwindung des Abendmahlsstreites dienen
sollte, mit Kreide auf den Tisch schrieb, markierte für ihn Richt-
schnur und Grenze aller Verständigung. Gegenüber dem Wort
Christi war für ihn allein der Glaube die angemessene Haltung.
Die «Teufelshure» Vernunft stellt sich über das Wort, zerstört

damit den Glauben und die Heilsgewissheit und erreicht so das eigentliche Ziel des Teufels, nämlich das Vertrauen in Gottes Wort aufzulösen.

Als lebendiger Macht begegnet der Christ dem Teufel in einer Vielfalt lebensweltlicher Konkretionen. Die Traurigkeit etwa ist eine seiner Waffen, mit denen er empfindsame Gemüter heimsucht und in die Einsamkeit und Verzweiflung treibt. Gerade in der Einsamkeit ist man dem Teufel und seinen Anstürmen besonders heftig und schutzlos ausgeliefert. Auch als Moralapostel, der einem wegen kleinster Dinge, die etwa das Essen, das Trinken oder das menschliche Miteinander betreffen mögen, ein schlechtes Gewissen zu machen versucht, tritt er auf. Als Luthers Schüler Hieronymus Weller, der in seiner Hausgemeinschaft lebte und sich der Erziehung seiner Kinder annahm, von solchen Anstürmen des Teufels heimgesucht war, tröstete er ihn. Während seines Aufenthaltes auf der Veste Coburg in der Zeit des Augsburger Reichstages von 1530 empfahl ihm der Reformator in einem Trostbrief, aus Verachtung gegen den Teufel über die Stränge zu schlagen, reichlich zu trinken, zu scherzen, zu spielen, munter kleine Sünden zu begehen (WABr 5; Nr. 1670). Gerade dann, wenn uns der Teufel wegen nichtiger Dinge anficht und etwa sagt: «Trinke nicht; sollst du ihm antworten: genau deshalb will ich trinken, weil du es verbietest, ja sogar reichlicher trinken.» (WABr 5; 519,48–51)

Die Freiheit des Glaubens schafft nach Luther heilsame Distanz gegenüber allem, was den Menschen knechtet; sie eröffnet einen souveränen Umgang mit den Dingen dieser Welt, da der Christ weiß, dass das Todesurteil über ihn als Sünder durch den leidenden Gottessohn aufgehoben ist. Essen, Trinken, Gespräche, auch Gedanken an Frauen können Traurigkeit oder Verzweiflung vertreiben (WATr 1; 49,27ff) – das wusste Luther aus eigener Erfahrung. Doch der Angstschweiß der dämonischen Anfechtung, der den Ketzer auch nachts an der Seite seiner Ehefrau heimsuchte (WATr 1; 210,2–4; 232,32f), war durch Strategien dieser Art auf Dauer nicht zu bannen. Der Teufel, der mit ihm disputieren und ihn zum Widerruf bringen wollte, ja der mehr bei ihm schlief als seine Frau (WATr 1; 289,7–9), ließ sich auch durch sexuelle Handlungen nicht ablenken: «Ich hab offt meiner Kethen an den b und z gegriffen, aber es hat mich nicht helffen wollen nec abire malae cogitationes [die schlechten Gedanken sind nicht gewichen]» (WATr 1; 406,22–24). Am Ende blieb Luther nur, was am Anfang war und womit auch für ihn alles angefangen hatte: «Ich habs verbum [Wort], da las ich mir an gnugen» (WATr 1; 232,33f).

Menschliches Leben vollzog sich für Luther inmitten von Sünde, Tod, Teufels- und Höllenangst. Seine eigene Lebenserfahrung machte hier keine Ausnahme, sondern repräsentierte, was grundsätzlich galt: «Mytten wir ym leben synd mit dem todt umbfangen» (AWA 4; 160). So dichtete er in seiner Bearbeitung der lateinischen Antiphon *Media vita in morte sumus*. Dieses ganz und gar «mittelalterliche» Verständnis des menschlichen Elends fand bei Luther eine in ihrer zuspitzend-exklusivistischen Einseitigkeit nicht mehr ganz «mittelalterliche» Antwort: «Wo soln wir den[n] fliehen hyn, | da wir mugen bleiben? | Zu dir, herr Christ, alleyne. | … | Heyliger barmhertziger heyland, | du ewiger got, | las uns nicht entfallen | von des rechten glaubens trost.|» (AWA 4; 161)

Wer Christus liebt, muss alles, was ihm widerstreitet, als Teufelswerk verachten. In beidem, der Liebe und der Verachtung, war Luther groß.

Epilog: Luther und das Christentum

In der Geschichte der abendländischen Kirche und des Christentums markiert die lutherische Reformation eine tiefgreifende Zäsur. Dies gilt sowohl in Bezug auf das theologische Verständnis und die religiöse Praxis des christlichen Glaubens als auch hinsichtlich der institutionellen Gestalt kirchlicher Vergemeinschaftung. Luther wirkte nicht nur dort nach, wo man ihm implizit oder explizit folgte: in den evangelischen Kirchentümern. Auch die religiösen Gemeinschaften der Täufer und der Spiritualisten haben in Anknüpfung an ihn und in Abgrenzung von ihm ihr eigenes Profil ausgebildet. Und die Papstkirche sah sich mit Luther und der von ihm ausgehenden reformatorischen Bewegung erstmals einer massenhaften Ketzerei gegenüber, die sie weder zu integrieren noch zu eliminieren vermochte und deren Anfragen eine Herausforderung bedeuteten, der man sich selbst auf Dauer nicht entziehen konnte. Auch die römische Kirche ist über der Auseinandersetzung mit Luther und seinen Folgen schließlich eine andere geworden. Die grundlegende Erneuerung der Papstkirche, die durch das Trienter Konzil (1545–1563) eingeleitet und vorangetrieben wurde, hat die römisch-katholische Konfessionskirche hervorgebracht, die sich bis heute als rechtlich und organisatorisch stabilste und weltweit präsenteste Institutionalisierungsgestalt des Christentums darstellt.

Durch Luther und die Umstände, die die von ihm ausgehende Reformation lebensfähig erhielten, ist im Raum des abendländischen Christentum eine kirchliche Formation Wirklichkeit geworden, die ohne den Papst existierte. Seine eigene Lebensleistung konnte Luther gelegentlich primär durch den Kampf gegen das Papsttum charakterisieren. Als Grabinschrift etwa erwog er die prophetische Aussage, dass er als Lebender des Papstes Verderben, als Toter des Papstes Tod sein werde (*Pestis eram vivens, moriens ero mors tua, papa*, WATr 3; 390,18; vgl.

Luther kurz vor seinem Tod während einer Vorlesung am Katheder. Die Feder-
zeichnung seines Famulus Reifenstein wurde von Melanchthon beschriftet.
Der Text lautet übersetzt: «Doktor Martin Luther. Lebendig war ich deine Pest,
Papst, tot werde ich dein Tod sein. Im Jahre 1546 in seinem 63. Lebensjahr,
ins 64. gehend, ist er gestorben. Er starb am 18. Februar zwischen der 2. und
3. Stunde und wurde am 22. desselben Monats in Wittenberg in der
Schloß[kirche] beigesetzt. Auch als Gestorbener lebt er.»

WA 30 III; 279,18f u. ö.). Diese Erwartung hat sich offenkundig
nicht erfüllt. Gleichwohl begann das kirchliche Christentum
mit Luther plural zu werden, nicht, weil er dies gewollt hätte,
sondern weil sich die Papstkirche seinen Anfragen auf Dauer
verschlossen hat. Denn die Verurteilung des Ketzers, der nach
römisch-katholischer Lehre bis heute und auf ewige Zeiten ver-
dammt ist, ist bisher nicht revoziert worden. Sie betrifft nicht
nur Luthers Person, sondern auch all diejenigen mit ihm, die
sich seiner Deutung des Christentums direkt oder indirekt verpflichtet fühlten und fühlen.

Dass Luther, der sich in seinem Gewissen an die Heilige
Schrift gebunden wusste und seines Erachtens nicht widerlegt
worden war, als Ketzer gebrandmarkt wurde, ist die traumati-
sche Urerfahrung, der Geburtsschock evangelischen Christentums überhaupt geworden. Aus dem bergenden Schoß der Mutter Kirche hinausgestoßen, konnte die Kirche Luthers nicht
Mutter sein; sie ist für immer Tochter, geboren aus dem Wort
(WA 42; 334,12: *Ecclesia enim est filia, nata ex verbo, non est
mater verbi*). Die Freiheit von der römischen Kirche ist von Luther als Freiheit zum Evangelium, zum Glauben und damit auch
als Freiheit zur evangelischen Kirche ausgelegt und gestaltet
worden. Seine Absage an individualistische und sektiererische
Lebens- und Vergemeinschaftungsformen des Christentums
gründete in dem Pathos der Freiheit, die Gott dadurch eröffnet
hat, dass er den Sünder, den, der nicht von sich absehen, der
Gott und seinen Nächsten nicht um seiner selbst willen lieben
kann, um Christi willen allein aus Gnaden annimmt. Diese von
Gott geschenkte, durch sein Wort eröffnete und bekannt ge-
machte Freiheit darf nicht in die Verfügungsgewalt eines einzelnen oder eines religiösen Kollektivs geraten. Deshalb erhält
Gott eine Kirche, die in der Autorität der Freiheit zu reden ermächtigt ist. In der Perspektive Luthers reproduzierten die Sek-
ten der Täufer und der Spiritualisten jenen Gewissenszwang der
Papstkirche, dem er selbst eben erst entkommen war. Denn die
Bindung an oder die Mitgliedschaft in der Kirche war für Luther im Unterschied zu den alternativen Vergemeinschaftungsformen auf dem «linken Flügel» des Protestantismus nie Selbst-

zweck. Die Kirche ist dazu da, Glauben zu ermöglichen. Als Gemeinschaft, deren «Wesen» gerade darin besteht, sich immer
wieder und immer neu selbst überflüssig zu machen, ist die Kirche des Evangeliums im Sinne Luthers ein in der Geschichte des
Christentums neuartiges institutionelles Phänomen.

Die Freiheit vom gewissensbindenden Joch der Papstkirche
war unter den Bedingungen des Reformationsjahrhunderts nur
realisierbar, weil die weltlichen Obrigkeiten als rechtsetzende,
regulierende und disziplinierende Instanzen das durch den Weg-
fall des kanonischen Rechts entstandene Machtvakuum auffüll-
ten. Diese Entwicklung zur Verstaatlichung der Religion hatte
bereits mit den landesherrlichen Kirchenregimentern vor der
Reformation eingesetzt und ist auch in katholischen Staaten
vollzogen worden, ging im Protestantismus aber doch insofern
weiter, als hier politisch verantwortliche Laien qua allgemeinem
Priestertum das Recht erhielten, die christliche Lehre verbindlich zu definieren. Auch wenn sich die weltlichen Obrigkeiten
dabei in der Regel ihrer Theologen bedienten, so war damit
doch die christentumsgeschichtlich epochale Situation entstanden, dass die politischen Herrschaftsträger die Konfession ihrer
Untertanen bestimmten. Dies hat den evangelischen Kirchentümern in Deutschland zum einen eine bis heute nachwirkende
besondere Staatsnähe beschert, zum anderen aber eine Menta-
lität begünstigt, die sich durchaus positiv auf das Christentum
beziehen kann und gegenüber der sichtbaren kirchlichen Institution Abstand wahrt. Das ambivalente Bindungs- und Distan-
zierungsverhältnis evangelischer Christen zu ihrer Kirche hat
sowohl theologische Wurzeln, die in Luthers Kirchenverständnis liegen, als auch historische Ursachen, die in den von Luther
kaum zu beeinflussenden Umständen reformatorischer Kir-
chenbildung seit dem 16. Jahrhundert gründen.

Seine Verurteilung der Papstkirche verstand Luther als not-
wendige Konsequenz des Evangeliums selbst. Unter dem Papst,
so meinte er, «haben [wir] gar nichts gewust, was ein Christ
wissen sol» (WA 30 III; 317,23f). Nun aber habe «unser Evangelion», zu dem wir «on gefhr und plumbs weise» (WADB
11/II; 105,11) gekommen sind, «viel grosses gutes geschafft»

(WA 30 III; 317,15), ja eine sachgemäße Gottes- und Welt-
erkenntnis überhaupt erst ermöglicht: «Was Christus, Was
Tauffe [...], Was der Glaube, [...] Was trost, Was weltliche öberkeit, Was ehestand, [...] Was Kirche, Was ein Christ, Was
Creutz sey» (WA 30 III; 317,16–23), sei erst jetzt, durch ihn,
«der Deudschen Prophet» (WA 30 III; 290,28), beziehungsweise
durch den in ihm handelnden Christus bekannt geworden. Dass
dieser ungeheuerliche Wahrheitsanspruch Luthers in das bestehende Kirchentum nicht integrierbar war, verwundert nicht.
Denn dieser Wahrheitsanspruch bedeutete zugleich, dass die gesamte Entwicklung der abendländischen Kirche seit beinahe
einem Jahrtausend eine fatale Fehlentwicklung gewesen sei. Luther nicht zu verketzern hätte bedeutet, den Universalitäts- und
Wahrheitsanspruch Roms aufzugeben.

Woher nahm Luther diesen maßlos scheinenden, zu unüber-
bietbar scharfer Polemik neigenden, aus psychologischer Perspektive geradezu abgründigen Wahrheitsanspruch? Aus seinem
Christsein, seinem Glauben, seinem Gottesbewusstsein selbst. In
seiner Auseinandersetzung mit Erasmus von Rotterdam, in dem
der Wittenberger Reformator den zu Skepsis und Indifferenz neigenden Religionsintellektuellen schlechthin bekämpfte, schärfte
er ein, was einen Christen ausmacht. Ein Christ redet im Modus
des Bekenntnisses oder der verbindlichen theologischen Aussage
(*assertio*, WA 18; 603,12): Er hängt unwandelbar, beharrlich
und unüberwindlich an der Wahrheit Gottes. Verbindliche theologische Aussagen aufzuheben bedeute, das Christentum selbst
aufzuheben (*Tolle assertiones, et Christianismum tulisti*, WA 18;
603,28f). Genau dies aber geschehe, wo – wie bei Erasmus – die
Frage, ob der Mensch aus eigener Willenskraft etwas tun könne,
um Gottes Barmherzigkeit zu erwerben, als unnötige oder unein-
deutige Frage behandelt werde. Eine Form des Christentums
(*forma christianismi*, WA 18; 611,1), die propagiere, dass wir
uns aus ganzer Kraft anstrengen und uns dem Heilsmittel der
kirchlichen Buße unterziehen sollen, um die Barmherzigkeit des
Herrn zu erwerben, fixiere den Menschen auf sich selbst und
lasse ihn da zurück, wo die Gewissenskrise des immer strebend
sich bemühenden Mönches begonnen hatte. Einziger und höchs-

ter Trost der Christen aber sei die Gewissheit, dass Gott unver-
änderlich das Heil und Leben seines Geschöpfes wolle (WA 18;
618,22–619,15), dass er nicht lüge und dass er dies in seinem
Wort ein für alle Mal unverbrüchlich gesagt habe.

Gottes Heilswille ist in Christus, der einen gottmenschlichen
Person in zwei Naturen, offenbar. Im Unterschied zur voran-
gehenden Dogmengeschichte und zu den zeitgenössischen Kritikern zur «Rechten» und zur «Linken», die die Zwei-Naturen-
Lehre als selbstverständliche dogmatische «Richtigkeit» oder
als metaphysische Theorie in lehrhafter Weise unhinterfragt tra-
dierten oder relativierten, geriet die der natürlichen Vernunft
verschlossene Glaubensaussage, dass Gott in Christus Mensch
und der Mensch Gott sei, bei Luther in eine lebendige Bewegung. Dass Christus wahrer Gott und wahrer Mensch sei, wurde von Luther in theologisch kreativer Weise auf das Heil des
Menschen bezogen. Das einzigartige Verhältnis zwischen dem
Gott, der sich in der Person Christi wirklich ins Leiden hin-
einbegibt, und dem Menschen, der an den Wesensvollkommen-
heiten Gottes teilhat, bestimmte für Luther das Verhältnis
von Gott und Mensch im Ganzen auf heilsame Weise neu: Von
der Gemeinschaft von Gott und Mensch in Christus her war
es nicht mehr angemessen, Gott als menschenlosen und un-
menschlichen Herrn, den Menschen als abhängige, in sich verschlossene Kreatur zu bestimmen. In Christus sind der freie
Gott und der befreite Mensch, der Schöpfer und das Geschöpf,
die extremsten Gegensätze also, in innigster Gemeinschaft ver-
söhnt. In einem Weihnachtslied dichtete Luther 1524: «Der son
des vatters, Got von ardt, / ein gast in der welt ward / Und fürt
uns aus dem yamer tal; / er macht uns erben in seym saal. / Ky-
rieleis.» (AWA 4; 166) Im Glauben hat der Mensch Anteil an der
Wirklichkeit Gottes, gründet sein Sein, sein Wesen, seine Au-
thentizität, die er zu realisieren befreit ist, in der «exzentri-
schen» Person Jesu Christi.

Auf diese Gewissheit ist Luthers Glaube und hat Luther das
Christentum gegründet. Prägnanter war das, was Christsein
heißt, bisher wohl noch nicht formuliert worden: «Ein Christ
seyn, ist, das Evangelium haben und an Christum gläuben. Die-

ser Glaube bringt Vergebung der Sünden, und Gottes Gnad. Er
kömmt aber allein vom heiligen Geist, der wirket ihn durchs
Wort, ohne unser Zuthun und Mitwirkung. Es ist Gottes eigen
Werk [...].» (WATr 3; 279,28–31)

Wenn es wahr ist, dass eine Religion zu haben bedeutet,
«etwas haben, darauff das hertz gentzlich trawet» (WA 30 I;
134,5f), dann hat Luther dem Christentum die Religion er-
schlossen und die Religion der Welt.

Literaturhinweise

Quellen

Die maßgebliche, kritische Gesamt- und Standardausgabe aller Texte Luthers ist die sogenannte «Weimarer Ausgabe», die seit 1883 in vier Abteilungen erscheint: WA, die «Schriften» Luthers; WABr, der «Briefwechsel»; WATr, die «Tischreden», und WADB, die «Deutsche Bibel». Ein auf 10 Bände angelegtes «Register» ist 2009 abgeschlossen worden. Zwischen 2000 und 2007 erschien ein Nachdruck der gesamten WA, die inzwischen auch vollständig in einer elektronischen Version verfügbar ist. In der seit 1981 erscheinenden Ergänzungsreihe AWA («Archiv zur Weimarer Ausgabe der Werke Martin Luthers») erscheinen Neueditionen von bereits in der WA erschienenen Werken Luthers, neu aufgefundene Quellen und einschlägige Monographien zu einzelnen seiner Werke. Unter den Teilausgaben der Werke Luthers genügen wissenschaftlichen Ansprüchen: *H.-U. Delius* (Hg.), Martin Luther. Studienausgabe, Bd. 1–6, Berlin 1979–1999; *O. Clemen* (Hg.), Martin Luther. Werke in Auswahl, Bd. 1–8, Bonn/Berlin 1912ff; Berlin 1955ff. *W. Härle* u. a. (Hg.), Martin Luther, Lateinisch – Deutsche Studienausgabe, Bd. 1–3, Leipzig 2006–2009. Als wissenschaftlich zuverlässige Leseausgabe mit einer behutsam modernisierten und übersetzten Textfassung kann gelten: *Th. Kaufmann/A. Beutel* (Hg.), Martin Luther. Schriften, Bd. I–IV, Berlin 2014/15.

Hilfsmittel

Zu allen Fragen der historischen und theologischen Lutherforschung und der Geschichte der Lutherdeutung bieten weitergehende Orientierung: *A. Beutel* (Hg.), Luther Handbuch, Tübingen ³2016; *B. Lohse*, Martin Luther. Eine Einführung in sein Leben und sein Werk, München ³1997; *V. Leppin/G. Schneider-Ludorff* (Hg.), Das Luther-Lexikon, Regensburg 2014. Für die Arbeit mit Luthertexten unverzichtbar: *K. Aland*, Hilfsbuch zum Lutherstudium. Bearbeitet in Verbindung mit *E. O. Reichert* und *G. Jordan*, Bielefeld ⁴1996. Die wichtigste Sekundärliteratur zu Luther wird verzeichnet in den jährlich erscheinenden Fachbibliographien: «*Lutherjahrbuch. Organ der internationalen Lutherforschung*» und «*Archiv für Reformationsgeschichte. Literaturbericht*». Für die Lutherdrukke des 16. Jahrhunderts sind zu benutzen: *J. Benzing/H. Claus*, Lutherbibliographie. Verzeichnis der gedruckten Schriften Martin Luthers bis zu dessen Tod, 2 Bde., Baden-Baden ²1989/1994. Wichtige Orientierungen zur Forschungs- und Deutungsgeschichte Luthers im 20. Jahrhundert vermitteln: *H. Medick/ P. Schmidt* (Hg.), Luther zwischen den Kulturen. Zeitgenossenschaft – Weltwirkung, Göttingen 2004; *R. Vinke* (Hg.), Lutherforschung im 20. Jahrhundert. Rückblick – Bilanz – Ausblick, Mainz 2004. Lexikalisch knappe Grundinformationen zu den wichtigsten Mitreformatoren bietet: *Th. Kaufmann*, Reformatoren, Göttingen 1998, zur Reformationsgeschichte allgemein: *ders.*, Geschichte der Reformation in Deutschland, Berlin ³2016. Auch in einschlägigen theologi-

schen Lexika (bes. *«Religion in Geschichte und Gegenwart»* [RGG] ⁴1998ff;
«Theologische Realenzyklopädie» [TRE], Berlin/New York 1977–2005) lassen
sich wichtige Grundinformationen und zahlreiche Anregungen für die Beschäftigung mit Luther finden.

Zur Person Luthers in ihrer Zeit

Die bisher umfassendste wissenschaftliche Gesamtdarstellung der Person Luthers
stammt von *M. Brecht*, Martin Luther, 3 Bde.: Bd. 1: Sein Weg zur Reformation
1483–1521, Stuttgart ³1990; Bd. 2: Ordnung und Abgrenzung der Reformation
1521–1532, Stuttgart 1986; Bd. 3: Die Erhaltung der Kirche 1532–1546, Stuttgart 1987. Eine historisch und theologisch kompakte und präzise Darstellung
bietet: *R. Schwarz*, Luther, Göttingen ³2004. Besonders anregende und verfrem-
dende Blicke auf Luther bieten: *L. Febvre*, Martin Luther, hg., neu übersetzt und
mit einem Nachwort von *P. Schöttler*, Frankfurt ²1996 (frz. Originalausgabe
«Un destin: Martin Luther», Paris 1928); *H. A. Oberman*, Luther. Mensch zwischen Gott und Teufel, Berlin ²1983; *H. Schilling*, Martin Luther. Rebell in einer
Zeit des Umbruchs, München ³2015; *S. H. Hendrix*, Martin Luther. Visionary
Reformer, New Haven, London 2015.

Zur Theologie Luthers

B. Lohse, Luthers Theologie in ihrer historischen Entwicklung und in ihrem sys-
tematischen Zusammenhang, Göttingen 1995; *G. Ebeling*, Evangelische Evange-
lienauslegung. Eine Untersuchung zu Luthers Hermeneutik, Tübingen ³1991;
ders., Lutherstudien Bd. 1–3, Tübingen 1971–1985; *ders.*, Luthers Seelsorge.
Theologie in der Vielfalt der Lebenssituationen an seinen Briefen dargestellt, Tübingen 1997; *W. Joest*, Ontologie der Person bei Luther, Göttingen 1967;
K. Holl, Gesammelte Aufsätze zur Kirchengeschichte Bd. 1: Luther, Tübingen
⁷1948; *H. Bornkamm*, Luther, Gestalt und Wirkungen. Gesammelte Aufsätze,
Gütersloh 1975; *K.-H. zur Mühlen*, Art. Luther, Martin, II. Theologie, in: Theologische Realenzyklopädie Bd. 21, 1991, S. 530–567; *Th. Dieter*, Der junge Luther und Aristoteles, Berlin, New York 2001; *H.-M. Barth*, Die Theologie Martin
Luthers, Gütersloh 2009; *O. H. Pesch*, Hinführung zu Luther, Mainz ³2004;
O. Bayer, Martin Luthers Theologie, Tübingen ³2007; *R. Schwarz*, Martin Luther. Lehrer der christlichen Religion, Tübingen ²2016 .

Zur Wirkungs- und Rezeptionsgeschichte

H. Bornkamm, Luther im Spiegel der deutschen Geistesgeschichte, Göttingen
²1970; *R. Kolb*, Martin Luther as Prophet, Teacher and Hero. Images of the
Reformer 1520–1620, Grand Rapids 1999; *E. W. Zeeden*, Martin Luther und
die Reformation im Urteil des deutschen Luthertums. Studien zum Selbstverständnis des lutherischen Protestantismus von Luthers Tod bis zum Beginn der
Goethezeit, 2 Bde., Freiburg 1950/1952; *B. Moeller*, Luther-Rezeption, Göttingen 2001; *J. Baur*, Luther und seine klassischen Erben, Tübingen 1993; *R. Kolb*,
Lutheran ecclesiastical culture, 1550–1675, Leiden u. a. 2008; *Th. Kaufmann*,
Konfession und Kultur, Tübingen 2006; *ders.*, Der Anfang der Reformation, Tübingen 2012.

Hinweise zu Einzelthemen

B. Moeller/K. Stackmann, Luder – Luther – Eleutherius. Erwägungen zu Luthers Namen, Göttingen 1981; *H. Dannenbauer,* Luther als religiöser Volksschriftsteller, Tübingen 1930; *P. von der Osten-Sacken,* Martin Luther und die Juden, Stuttgart 2002; *Th. Kaufmann,* Luthers Juden, Stuttgart ²2015; *M. Warnke,* Cranachs Luther. Entwürfe für ein Image, Frankfurt/M. 1985; *Martin Luther und die Reformation in Deutschland.* Ausstellung zum 500. Geburtstag Martin Luthers, Frankfurt/M. 1983; *A. Pettegree,* Brand Luther. 1517, Printing and the Making of Reformation, New York 2015; *H. Schneider,* Martin Luthers Reise nach Rom – neu datiert und neu gedeutet, in: Studien zur Wissenschafts- und Religionsgeschichte [Abhandlungen der Akademie der Wissenschaften zu Göttingen, Neue Folge Bd. 10, Sammelbd. 2], Berlin, New York 2011, S. 1–157; *R. Schwarz,* Gott ist Mensch. Zur Lehre von der Person Christi bei den Ockhamisten und bei Luther, in: Zeitschrift für Theologie und Kirche 63, 1966, 289–351; *E. Bizer,* Fides ex auditu. Eine Untersuchung über die Entdeckung der Gerechtigkeit Gottes nach Martin Luther, Neukirchen-VI. ³1966; *A. Beutel,* In dem Anfang war das Wort. Studien zu Luthers Sprachverständnis, Tübingen 1991/2006; *G. Bott/G. Ebeling/B. Moeller,* Luther. Sein Leben in Bildern und Texten, Frankfurt/M. 1983; *K. Bornkamm,* Christus – König und Priester. Das Amt Christi bei Luther im Verhältnis zur Vor- und Nachgeschichte, Tübingen 1998; *Chr. Bultmann* u. a. (Hg.), Luther und das monastische Erbe, Tübingen 2007; *Joh. Ehmann,* Luther, Türken und Islam, Gütersloh ²2015; *J. Ott/M. Treu* (Hg.), Luthers Thesenanschlag – Faktum oder Fiktion, Leipzig 2008; *V. Leppin,* Die fremde Reformation. Luthers mystische Wurzeln, München 2016.

Zeittafel

1483	10.11. Geburt in Eisleben, 11.11.Taufe.
1484–1496/97	Kindheit und Jugend, erste Schulzeit in Mansfeld.
1497	Schulbesuch in Magdeburg.
1498–1501	Besuch der Lateinschule in Eisenach.
1501–Jan. 1505	Artistisches Grundstudium an der Universität Erfurt, abgeschlossen mit der Promotion zum Magister artium.
Frühjahr 1505	Beginn des Jurastudiums in Erfurt.
2.7.1505	Gewittererlebnis bei Stotternheim; Gelöbnis, Mönch zu werden.
17.7.1505	Eintritt in das Augustinereremitenkloster in Erfurt.
Frühjahr 1507	Priesterweihe; Beginn des Theologiestudiums in Erfurt.
1508/09	Theologiestudium und philosophische Lehrtätigkeit in Wittenberg.
Nov. 1511–April 1512	Romreise.
18./19.10.1512	Promotion zum Dr. theol. in Wittenberg; Übernahme einer Augustinerordens-Professur in der Nachfolge Johann von Staupitz'.
1515–1518	Provinzvikar seines Ordens.

31.10.1517	Beginn des Ablassstreites; 95 Thesen; Brief an Erzbischof Albrecht von Mainz.
März 1518	Beginn der volkssprachlichen reformatorischen Publizistik («Sermon von Ablass und Gnade»).
April 1518	Disputation beim Kapitel der Augustinereremiten in Heidelberg.
Okt. 1518	Verhör vor Cajetan in Augsburg; Verweigerung des Widerrufs.
Juni/Juli 1519	Leipziger Disputation mit Eck.
Aug./Nov. 1519	Verurteilung Luthers durch die Universitäten Köln und Löwen.
15.6.1520	Bannandrohungsbulle Papst Leos X. «Exsurge Domine».
10.12.1520	Luther verbrennt vor dem Elstertor in Wittenberg das kanonische Recht und die Bannandrohungsbulle.
3.1.1521	Bannbulle «Decet Romanum Pontificem».
17./18.4.1521	Verweigerung des Widerrufs vor Kaiser Karl V. auf dem Reichstag zu Worms.
Mai 1521	Wormser Edikt; «Schutzhaft» auf der Wartburg (bis Febr. 1522).
9.–16.3.1522	Invokavitpredigten; Beendigung der Wittenberger Bewegung; Trennung von Karlstadt.
1524/25	Auseinandersetzung mit Müntzer; Bauernkrieg.
13.6.1525	Eheschließung mit Katharina von Bora.
Herbst 1525	Auseinandersetzung mit Erasmus von Rotterdam («De servo arbitrio»).
1525–1529	Innerreformatorischer Abendmahlsstreit mit Karlstadt, Zwingli, Oekolampad, Bucer u. a.
1528/29	Visitationen in Kursachsen; Katechismen.
April–Okt. 1530	Luther weilt während des Augsburger Reichstags auf der Veste Coburg.
1534	Erste Wittenberger «Vollbibel».
1536	Wittenberger Konkordie mit den Oberdeutschen.
1539	Beginn des Erscheinens der Wittenberger Gesamtausgabe der Werke Luthers (1545 Vorrede zum 1. Bd. der lat. Opera).
18.2.1546	Luther stirbt in Eisleben.
22.2.1546	Beisetzung in der Schloßkirche zu Wittenberg.

Personenregister